스타일에 날개를 달아주는
패션 디자이너 되기

패션디자이너 되기

스타일에 날개를 달아주는

ⓒ 문미영 2014

초판 1쇄	2014년 10월 28일
초판 5쇄	2022년 10월 28일

지은이　문미영

출판책임	박성규	펴낸이	이정원
편집주간	선우미정	펴낸곳	도서출판 들녘
편집	이동하·이수연·김혜민	등록일자	1987년 12월 12일
디자인	고유단	등록번호	10-156
마케팅	전병우	주소	경기도 파주시 회동길 198
멀티미디어	이지윤	전화	031-955-7374 (대표)
경영지원	김은주·나수정		031-955-7381 (편집)
제작관리	구법모	팩스	031-955-7393
물류관리	엄철용	이메일	dulnyouk@dulnyouk.co.kr

ISBN　978-89-7527-011-6 (14370)

스 타 일 에 날 개 를 달 아 주 는

패션디자이너되기

문미영 지음

들녘

사람을 변화시키는 매력적인 직업, 패션 디자이너

패션 디자이너를 지망하는 여러분!

만나게 되어 반갑습니다. 저는 지난 20여 년간 「데코」, 「신원」, 「성도」, 「코오롱」 등 다수의 여성복 회사에서 디자이너로 근무한 디자이너 문미영입니다. 「쿠아」, 「텔레그라프」, 「톰보이」 등 여성캐릭터와 영 캐주얼 디자이너로 활동하기도 했고요. 떨리는 가슴으로 첫 직장의 문을 두드렸던 때가 엊그제 같은데 벌써 시간이 이렇게나 많이 흘렀어요. 그리고 이제 이 분야의 선배로서, 또는 큰언니이자 큰누나로서 여러분을 만나게 되었습니다.

패션 디자인은 사회 · 문화적 영향을 가장 많이 받는 분야 중 하나입니다. 특히 시간과 장소, 기후에 영향을 많이 받습니다. 패션 디자이너는 이처럼 변화무쌍한 환경 아래 직물 · 가죽 · 비닐 등 여러 가지 소재로 남성복 · 여성복 · 아동복 · 란제리 등의 옷을 디자인하는 사람을 총칭하는 말인데요, '한국직업능력개발원'에서는 패션 디자이너의 업무와 요구되는 자질에 대해 다음과 같이 소개했어요.

"패션 디자이너란 패션 흐름을 분석하고, 현재(미래) 유행 경향·재료·색의 조화 등에 관한 자료를 종합적으로 비교·분석하여 새로운 의상 디자인을 기획하는 사람으로서 창의성과 색채 감각·조형미·미적 감각·유행 감각 등을 갖추고 있어야 한다. 비단 디자인과 의복에 대한 지식뿐 아니라 사회학·심리학에 대한 기본 지식, 그리고 강한 체력과 인내심, 협동심이 요구된다."

어째서 패션 디자이너가 되는 데 사회학이나 심리학, 체력과 인내심, 협동심이 필요하다고 하는 걸까요? 이상하지요? 그 이유는 앞으로 저와 함께 하나 둘 파헤쳐보기로 해요. 여러분이 상상하는 것 이상으로 패션 디자이너의 세계는 놀랍고 흥미로우니까요. 패션 디자이너는 생각이 유연하고, 항상 새로운 것을 추구하는 사람에게 적합한 직업입니다. 주변 사람들에게 개성을 입혀주고, 그들을 여러분이 만든 옷으로 변화시킬 수 있는 매력적인 직업이지요. 물론 매력적인 만큼 힘들고 괴로운 순간도 많습니다. 그러나 힘들고 괴로운 것마저 견뎌낼 만한 가치가 있는 직업임에 틀림없습니다.

이 책은 패션 디자이너라는 멋진 직업의 세계 앞에 서 있는 여러분을 위한 것입니다. 따라서 보다 현실적인 정보, 알차고 쓸모 있는 정보, 그리고 꿈을 세우고 이를 실현하기 위해 계획을 세우는 데 필요한 정보들을 알차게 담으려고 노력했습니다. 여러분은 어쩌면 이 책을 읽으면서 "패션 디자이너가 이렇게 고되게 일하는 직업이었어? 멋진 모델들과 일하면서 예쁘고 좋은 것만 다루는 줄 알았는데…" 하고 실망할지도 모릅니다. 또는 "뭐야, 정작 자기 자신을 가꿀 시간도 없다고?" 하면서 고개를 저을지도 모르겠어요. 그런데도 많은 사람들이 여전히 패션 디자이너가 되길 바라고, 또 그 꿈을 향해 달려가는 걸 보면 뭔가 분명히 '있나' 봅니다. 사람을 끌어들일 만한 매력적인 그 무엇이 말이지요.

여러분은 지금 정보의 바다에 맨몸으로 던져졌습니다. 인터넷 사이트에 들어가 마우스 클릭 한 번이면 얻을 수 있는 정보도 엄청 많지요. 책이나 잡지, 친구로부터 얻을 수 있는 정보도 많고요. 하지만 구슬이 서 말이라도 꿰어야 하는 법! 이제부터 저와 함께 단단하고 좋은 구슬을 모아 꿰어봅시다. 그리고 험난한 바다를 거뜬하게 건널 수 있는 튼튼한 배를 지어 가고자 하는 방향으로 힘차게 노를 저어봅시다. 저의 경험과 마음을 온전히 담은 이 책이 여러분이 오른 배의 방향타가 되었으면 참 좋겠습니다. 목표를 향해 달려가는 여러분에게, 그리고 여러분의 멋진 꿈에 큰 박수를 보냅니다.

차례

c h a p t e r 1

패션 디자이너가 되고 싶어!

c h a p t e r 2

패션 디자이너는 어떤 사람에게 어울리는 직업일까?

c h a p t e r 3
패션 디자이너가 되었어요!

패션 디자이너의 실무

부 록
예비 디자이너에게 들려주는 남은 이야기

이런 친구들이
읽으면 좋아요!

상상하는 것을 즐기는 사람

남과 다른 방식으로 생각하길 즐기는 사람

변화를 주어 옷 입는 것을 즐기는 사람

다른 사람의 옷차림에 관심이 많은 사람

유행이나 패션에 대해 이야기하기를 즐기는 사람

윈도우 쇼핑을 좋아하는 사람

각종 영화제나 시상식 등에 참석한 셀러브리티의 옷차림을 눈여겨보는 사람

인상적인 장면이나 아이디어를 그림으로 남기는 습관이 있는 사람

유행이 지난 옷이나 가방으로 독특한 재활용 아이템을 만드는 사람

패브릭 모으기를 좋아하는 사람

손바느질이나 재봉질을 좋아하는 사람

손으로 만들기를 좋아하는 사람

옷을 입을 때 색감을 잘 맞춰 입을 줄 아는 사람

친구의 스타일에 조언해주기를 즐기는 사람

패션 기사나 정보를 열심히 찾아 읽는 사람

패션 블로그를 즐겨 찾기 해두거나 스스로 패션 블로그를 운영하는 사람

남에게 자신의 생각을 잘 설명하고 설득할 수 있는 사람

다른 사람의 의견에 귀 기울일 줄 아는 사람

팀을 이루어 일하는 것을 즐기는 사람

동시에 두서너 가지 일을 수행할 수 있는 사람

의류 회사
내부 둘러보기

옷을 만드는 회사에서는 부서별로 어떤 일을 할까,

궁금하시죠?

그래서 짧은 투어를 준비했어요.

회사의 규모에 따라 다른 점도 있겠지만,

지금부터 의류 회사에서 가장 기본적이고

중요한 업무가 이루어지는 몇몇 부서를 소개하려고 해요.

함께 가실까요?

디자인실을 소개합니다!

여러분이 가장 궁금해할 디자인실 풍경입니다. 보통 벽 쪽에 빙 둘러 서열(?) 별로 자리를 배치하고, 가운데 회의를 할 수 있는 커다란 테이블과 의자를 놓습니다. 그리고 한쪽 벽에 서류와 패션잡지를 보관하는 책장을 배치하고, 공동으로 쓸 수 있는 원단과 부자재(단추, 지퍼 등)를 넣어놓을 수 있는 장을 놓습니다.

디자이너의 책상입니다. 생각보다 지저분하지요?
원자재 및 부자재 샘플, 컴퓨터,
각종 서류 등으로 가득하네요.

디자이너가 작업 중인 원피스를 마네킹에
입히고 핀으로 라인을 잡고 있어요.

전체 회의 테이블입니다(상). 직원들이 모여 의견을 나누고 있습니다. 사진을 죽 늘어 놓고 시즌 테마를 정하고 있군요(가운데).

신상 디자인과 텍스타일을 매치해보면서 각 시즌에 매장으로 나가게 될 제품을 어떤 식으로 구성할지 기획 중입니다. 이 같은 전체 회의는 주로 실장님과 함께 하는 작업 중심으로 진행되지요.

또 하나, 매우 중요한 설치물(?)이 있습니다. 바로 전신 거울이죠! 디자인실 벽에 붙여놓은 전신거울은 백설공주 놀이가 아니라 디자이너가 개발한 신제품의 피팅을 확인하는 데 쓰입니다.

그리고 디자인실의 보물 '옷'들이 있습니다. 국내외 샘플은 물론 전년도 판매 베스트 상품, 올해 진행하고 있는 제품들, 디자이너들이 각자 진행하고 있는 가봉상태의 시제품에 이르기까지… 수백 벌의 옷들이 디자이너들과 희로애락을 함께합니다.

시즌에 진행된 옷과 샘플들이에요.
디자인실은 항상 옷으로 넘쳐납니다.

MD(Merchandiser;상품 기획자)실입니다!

MD 팀은 상품 기획에 관련된 업무를 주로 합니다. 디자인 팀과 긴밀히 협력해야 하는 곳이지요. 디자인 팀에서 멋진 아이디어가 넘어 오면 그것을 토대로 제품화의 가능성과 시장성을 연구합니다. 때로는 디자인 팀에게 아이디어를 먼저 제공하기도 합니다. 처음부터 디자인 팀과 함께 다음 해의 트렌드에 대해 연구하고 대중의 심리를 분석하는 경우도 많고요.

이 작고 복잡한 책상 위에서 "어떻게 하면 우리 회사의 멋진 신상을 여러 사람에게 알리고, 보다 많은 사람이 입게 할 수 있을까?"를 연구합니다.

여러 차례 브레인 스토밍을 하고, 깊이 있는 회의를 거쳐 어떤 제품의 개발이 확정되면 MD 팀에서는 그에 따라 한 해의 생산과 판매(수량 및 판매 금액)에 대해 계획하고 이를 실행하는 일을 시작합니다. 따라서 디자인실이나 패턴실에서 일하는 사람들보다 컴퓨터 작업을 훨씬 더 많이 합니다. 왼쪽 사진에 나온 책상을 보세요. 서류 더미로 가득하지요? MD 팀은 세부적으로 영업기획, 상품기획, 생산기획 팀으로 나눠지기도 하고 일의 성격에 따라 다시 합쳐지기도 합니다.

옷 만들기의 기초 작업을 하는 곳
패턴(Pattern;옷본)실입니다!

아무리 멋진 디자인이 나왔다고 해도 옷으로 만들어지지 않으면 그림의 떡이 되기 쉽습니다. 패턴실이 중요한 이유입니다. 패턴실에서는 옷을 만들기 위해 옷본을 만드는 작업을 하는데요, 이 과정을 "패턴을 뜬다"라고 말합니다.

예전에는 수작업으로 패턴을 작업하여 옷을 만들어내는 방식이 많았지만, 요즈음에는 대개 컴퓨터로 패턴 작업을 합니다. 따라서 패턴 디자인 프로그램이나 CAD(Computer Aided Design) 같은 프로그램을 다룰 줄 알아야 합니다. 패턴실에서는 또한 컴퓨터로 한 벌당 소요되는 원단의 양을 계산하기도 합니다.

컴퓨터로 옷의 패턴을 뜨고 있어요.
예전에는 수작업으로 패턴을
뜨는 것이 일반 적이었지만 점점
컴퓨터 작업이 많아지고 있어요.

컴퓨터 마킹을 통해 사이즈 별로
폭(길이)을 줄이고 늘이는
그레이딩(Grading) 작업을 하고 있습니다.

수작업으로
패턴을 만들고 있어요.

2D에서 3D로

샘플실(봉제실)을 소개합니다!

디자이너가 옷을 디자인하고 패턴실에서 패턴을 제작한 다음 원단이 정해지면 샘플실(회사에 소속되어 옷 한 벌만을 만드는 곳)에서 봉제를 합니다. 여러분의 디자인이 평면 그림에서 입체적인 실물로 제작되는 매우 중요한 곳이지요. 샘플실에서 만들어진 옷은 피팅 모델이 입어본 후 장단점을 체크하고 부족한 점을 보완합니다.

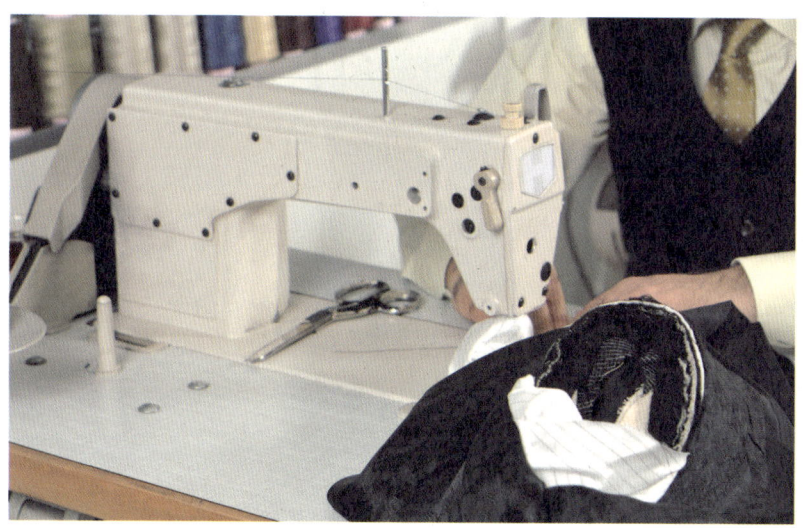

봉제실 모습입니다. 여러분 집에 있는 재봉틀과 좀 다르게 생겼지요? 보기만 해도 '프로'의 아우라를 느낄 수 있어요.

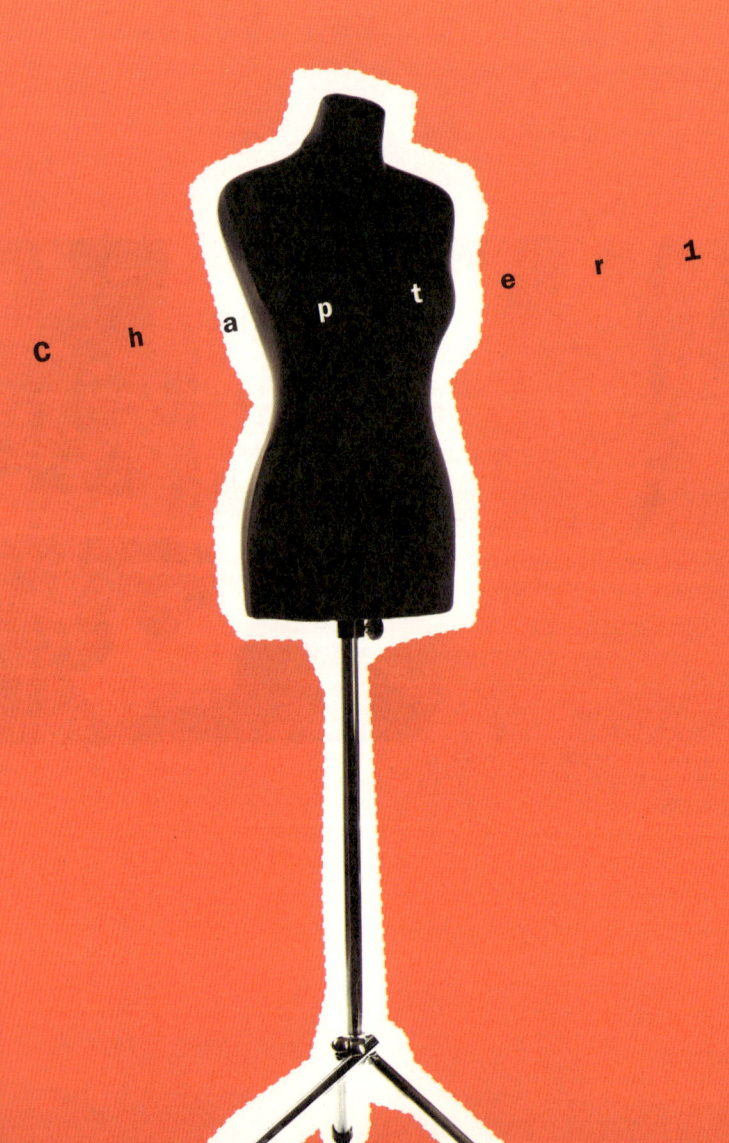

chapter 1

패션 디자이너가 되고 싶어!

패션 디자이너는
어떤 일을 할까?

패션 디자이너의 세계에 오신 여러분을 환영합니다!

글을 읽고 계시는 여러분이 관심을 갖고 있는 패션 디자이너, 혹은 의상 디자이너란 어떤 일을 하는 사람일까요?

예, 맞습니다. "옷을 디자인하는 일을 하는 사람"을 가리킵니다. '디자인'의 사전적 의미는 "실용성이 있으면서 아름다운 모습을 갖추도록 의상이나 제품, 작품, 건축물 등을 설계하거나 도안하는 일"을 말합니다. 그러니까 패션 디자이너란 "실용적이면서 아름다운 옷"을 디자인하는 사람이겠지요?

디자이너가 종이에 4B 연필로
스케치를 하고 있어요.

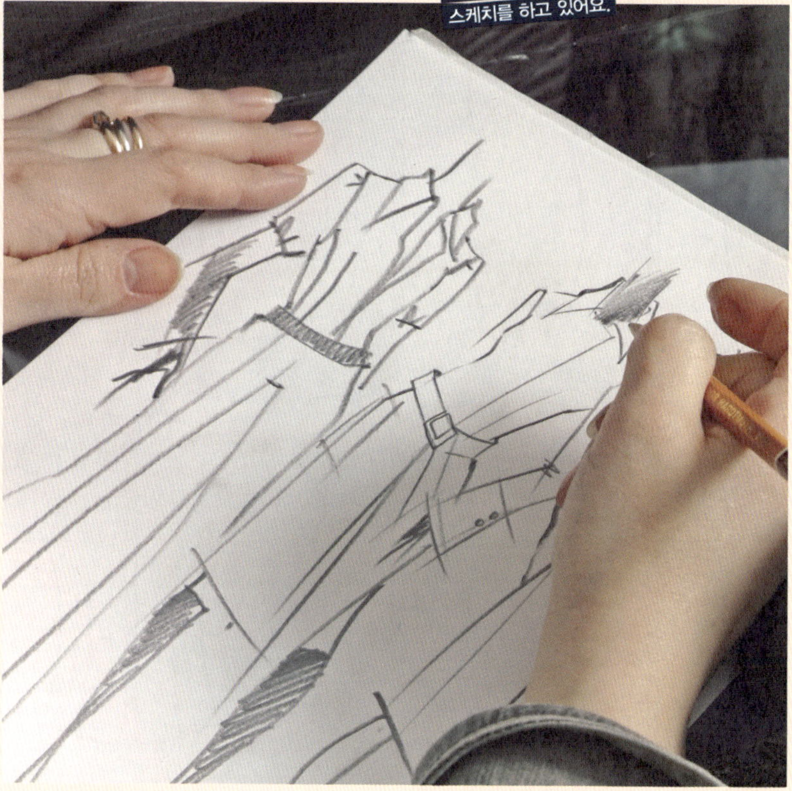

여름 신상으로 내놓을 멋진 원피스를
디자인하고 있습니다.

디자인을 간단히 보여주는 도식화입니다.

　　패션 디자이너는 옷이 만들어지기 전―대략 6개월 전―부터 국내
외 패션 흐름을 분석합니다. 유행 경향, 옷의 소재, 컬러에 관한 자료
를 종합적으로 비교·분석하여 새로운 디자인을 기획하지요. 그런 다
음 기획된 자료를 중심으로 소비자의 성별과 연령, 입는 목적 등에 맞
추어 디자인을 설계하여, 기획된 디자인을 샘플 제작서에 도식화*로
나타냅니다.

도식화는 옷을 만드는 작업장으로 보내게 되고, 거기서 이것을 토대로 견본 제품을 만듭니다. 견본 제품은 아직 완성품이 아닙니다. 디자이너는 견본 제품을 피팅 모델*에게 입혀보고 입었을 때 느끼는 불편함과 사이즈, 또는 디테일*의 위치 등을 세심하게 체크하여 제품으로 완성되도록 수정·보완 작업을 거쳐 제작에 들어갑니다.

*도식화 : 디자인을 간략한 그림으로 표현한 것. 만들고자 하는 옷을 평면상으로 보여주는 그림으로 최대한 많은 부분을 쉽게 이해할 수 있도록 설명해주는 것이다. 옷을 만드는 사람들 중 누가 보아도 알 수 있도록 그린, 일종의 '지시서'이다. 더 간단히 말해 도식화는 옷만 그린 것이고, 스타일화는 사람이 옷을 입은 모습을 그리는 것이다.
*피팅 모델 : 옷이 잘 맞는지 알아보기 위하여 옷을 미리 입어보는 사람.
*디테일 : 단추나 포켓의 위치, 모양 등 디자인을 마감하는 섬세한 요소.

이와 같이 새로운 옷을 생각해내어 기획하고, 수정·보완·제작하는 모든 일을 담당하는 사람이 바로 패션 디자이너입니다. 옷 한 벌을 만드는 일 구석구석 디자이너의 손길이 미치지 않는 곳이 없지요. 옷을 매장에 진열하여 소비자에게 판매하기까지 여러 단계를 거치고, 또 여러 사람의 도움이 필요하지만, 맨 처음 디자인을 어떻게 하는가에 따라 뒤의 일들이 결정되므로 디자이너의 역할이 가장 중요하다고 말할 수 있습니다.

패션 디자이너의 업무 진행 과정

국내외 패션 흐름 분석→유행 경향·소재·컬러 분석→디자인 시즌 테마 정하기

↓

디자인 콘셉트를 고려하여 소비자에게 제안하는 디자인 기획

↓

샘플 제작서(도식화) 완성→패턴실에 의뢰하여 디자인 패턴 완성→견본 샘플 제작

↓

피팅 모델에게 입혀서 착용감과 디자인에 적합한 모양 확인→수정·보완

↓

완성 제작에 필요한 원단·단추·지퍼·안감 등 기타 부자재를 지정하여 샘플 완성

예쁘고 날씬한 사람만 패션 디자이너가 될 수 있어요?

패션 디자이너가 되고 싶어 하는 학생들로부터 가장 많이 받는 질문입니다. 결론부터 말한다면 "No!"입니다.

일반 학생들이 흔히 접하는 디자이너는 현실 속의 디자이너가 아니라 TV드라마 속에서 만나는 디자이너인 경우가 많습니다. 그것도 주인공으로요. 무결점 몸매에 동안 피부, 긴 속눈썹의 화려한 화장과 세련된 의상, 늘 손질되어 있는 헤어, 화려한 컬러의 매니큐어… 어디 그뿐인가요? 킬힐도 마다하지 않습니다. TV드라마 속의 디자이너들은 대개 그런 '환상적인' 모습으로 일도 척척 해내고, 넘어지지 않고 잘 뛰어다니고, 외국 손님도 척척 만나고, 분위기 좋은 고급 식당에서 데이트를 즐깁니다.

2012년에 방영된 SBS 드라마
〈패션왕〉의 한 장면이에요.
디자이너가 참 예쁘죠?

　　그럼 실제 디자이너들은 어떠냐고요?

　　여러분과 같은 '보통 사람'이지요. 평범한 외모에, 일하는 데 편리한 청바지에 티셔츠를 즐겨 입고, 이곳저곳 가야 하는 데가 많아서 주야장천 캔버스 운동화를 신는 디자이너가 훨씬 많지요. 화장을 못 하고 일터에 출근하는 사람도 있습니다. 물론 현실 속의 디자이너 중에도 TV드라마에 나오는 디자이너들처럼 예쁘고 날씬하고 화려한 사람이 있습니다. 자기 관리를 잘하는 사람도 많고요. 하지만 어찌 보면 그것은 자신에게 어울리는 스타일이 무엇인지 다른 사람보다 잘 알고 있기에 좀 더 예쁘고 날씬해 보이도록 자신을 가꾸고 꾸밀 줄 안다는 뜻이기도 합니다.

사람들은 대개 몸매가 좋든 그렇지 않든, 혹은 얼굴이 예쁘든 평범하든, 먼저 다양한 옷을 입어보고 나서야 어떤 것이 자신에게 잘 어울리는지, 나를 돋보이게 해주는 스타일은 무엇인지를 알게 됩니다.

　여러분, 디자이너가 되고 싶으세요? 그러면 우선 옷을 많이, 다양하게 입어보세요. 그리고 자신에게 어울리는 것과 어울리지 않는 것을 알아내보세요. 더 나아가 친구에게 어울리는 스타일도 생각해보고, 또 가족에게 어울리는 스타일도 생각해보세요. 이렇게 작고 사소한 습관을 들이는 것이 디자이너가 되는 첫 걸음입니다.

일하다 지친 디자이너가
잠시 눈을 붙이고 있어요.

디자이너들은 대개 날씬합니다. 자신이 디자인한 옷을 입어보고 피팅감을 잃지 않으려고 노력하니까요. 옷의 완성도를 체크하는 데 있어 스스로 옷을 입어보는 것만큼 정확한 평가는 없기 때문이지요. 디자이너들은 견본품이 완성되면 일단 입어봅니다. 그러고 나서 원하는 대로 옷이 만들어졌는지, 어디 불편한 곳은 없는지, 길이감은 적당한지 등등을 직접 체크합니다.

옷은 공산품이다 보니 표준 55 사이즈가 기본입니다. 하지만 55 사이즈에 정말로 딱 맞는 체격을 가진 여성은 아주 드물어요. 사실 사이즈가 정확해야 하는 사람은 디자이너가 아니라 피팅 모델입니다. 그래서 디자이너들은 키·가슴둘레·허리둘레·엉덩이둘레뿐만 아니라 어깨너비·어깨 경사각·등길이·허벅지둘레 등등 옷을 만드는 데 꼭 필요한 기본 사이즈를 재서 가장 근접한 사이즈를 가진 사람을 피팅 모델로 선택하지요. 실제로 우리가 일상에서 만나는 디자이너들은 화려한 옷보다는 자신의 디자인에 대한 생각을 가장 단순하게 표현하는 의상을 즐겨 입는답니다.

패션쇼의 꽃, 디자이너!

바네사 브루노

올리비에 루스테잉

스텔라 맥카트니

마크 제이콥스

미우치아 프라다

신체 사이즈 재기

▶ 가로 사이즈

1. 가슴둘레(chest): 가슴 부위의 제일 굵은 부위를 수평으로 돌려 잰다.

2. 허리둘레(waist): 허리 부위의 제일 가는 부위(배꼽 위 4cm 지점)를 수평
   으로 돌려 잰다.

3. 엉덩이둘레(hip): 엉덩이에서 제일 굵은 부위를 수평으로 돌려 잰다.

4. 어깨너비(shoulder): 좌우 어깨에서 가장 튀어나온 뼈와 뼈 사이를 잰다.

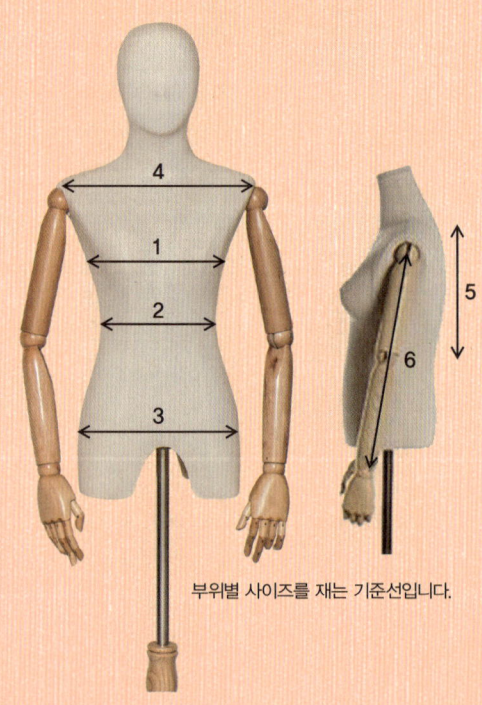

부위별 사이즈를 재는 기준선입니다.

▶ 세로 사이즈

5. 등길이(center back waist length): 뒷목에서 어깨너비와 만나는 곳에 튀어
   나온 목뼈와 허리 둘레선을 지나는 길이를 수직으로 잰다.

6. 소매길이(arm length): 어깨 끝점에서 손목점까지의 길이를 잰다. 이때
   팔을 자연스럽게 늘어뜨리고 중심부를 지나 팔꿈치에서 일단 누르고
   잰다.

디자이너가 가슴둘레, 어깨너비,
등길이를 재고 있어요.

여성 피팅 모델의 일반적 사이즈

- 가슴둘레: 31"-32"
- 허리둘레: 26"
- 엉덩이둘레: 32"-33"
- 어깨너비: 14" 1/2
- 등길이: 14"1/2-15"
- 키: 165cm 전후

쇼윈도에 진열되는 의상은 피팅 모델 기본 사이즈에
따른 것들입니다. 인터넷 쇼핑몰도 마찬가지고요.
(단, 팔 다리 길이가 더 길고, 키도 더 크지만요)

개중에는 옷을 입어보지 않는 디자이너들도 많습니다. 그러나 여성 복 디자이너에게는 피팅* 감각이 중요합니다. 디자인 파트마다 요구되 는 디자인 능력*이 다르기 때문에 특히 여성복 디자이너가 되고자 하 는 분이라면 자신의 사이즈에 관심을 가져야 하겠지요?

*피팅 : 옷을 입었을 때 느껴지는 실루엣.

*디자인 능력 : 컬러 배합을 아름답게 표현하는 능력, 실루엣을 잘 표 현하는 능력, 소재를 잘 선택하는 능력, 기능과 디자인을 잘 조화시키는 능력을 모두 이른다.

신체 사이즈에 대한 걱정 이상으로 여러분이 걱정하는 것, 바로 외 모 문제입니다. 디자이너는 자신이 만든 옷으로 자신의 생각과 개성 을 드러내고자 하지요. 결국 겉으로 표현한다는 뜻인데요, 제가 디자 이너 지망생들에게 "단순히 예쁘기보다 자신의 스타일을 확실하게 드 러낼 줄 아는 스타일리시(stylish)한 사람이 되라"고 조언하는 이유이기 도 합니다. 어떻게 하면 스타일리시한 사람이 될 수 있냐고요? 어렵지 않아요. 먼저 자신이 어떤 사람처럼 보이길 원하는지 머릿속으로 떠올 려보세요. 그리고 자신이 가장 적극적으로 표현하고 싶은 모습을 이 미지(사진)로 구체화해보세요. 섹시한, 고전적인, 도도한, 우아한, 청순 한, 씩씩한, 밝고 쾌활한, 야성적인, 당당한, 히피 같은, 카리스마 넘치 는…. 이런 많은 이미지 중 어떤 모습에 여러분의 '필(feel)'이 꽂히나요?

여러분은
어떤 스타일을 좋아해요?

끌리는 이미지, 표현하고 싶은 이미지를 선택했다면 이제 컴퓨터나 잡지 등을 참고하여 사진을 모아보세요. 이렇게 모은 자료가 바로 여러분이 디자인하려는 스타일의 기본이 됩니다.

　디자이너들이 디자인할 때 자신의 옷을 상상 속으로 입히는 대상을 '뮤즈'*라고 흔히들 말하는데요. 상상 속의 뮤즈를 두고 디자인하는 것이 자신의 스타일을 구체화하는 데 큰 도움이 됩니다. 디자인의 일관성, 독창성을 유지하는 데 상상 속의 이미지가 중심이 되기 때문이지요. 예를 들어, 마크 제이콥스*가 소피아 코폴라를 자신에게 영감을 주는 뮤즈라고 하는 것처럼 말이죠. 브랜드에서 광고 모델을 정하게 될 때 뮤즈에 가까운 분위기의 모델을 섭외하게 되는 이유입니다.

＊뮤즈 : 원래는 그리스 신화에 나오는 예술의 여신을 의미하지만 현대에 와서는 예술가들에게 영감을 불러 일으키는 존재를 뜻한다.
＊마크 제이콥스 : 루이 비통과 마크 제이콥스 브랜드의 디자인 디렉터이다.

　여러분을 아름답게 해주는 것은 자신감입니다. 자신감과 열정이야말로 패션 디자이너가 되는 데 가장 중요한 조건이지요. 여러분도 "천재는 노력하는 사람을 이기지 못하고, 노력하는 사람은 즐기는 사람을 이기지 못한다"는 말을 들어보셨을 거예요. 자신감과 열정을 가지

2003년 토론토 필름 페스티벌에 참가한 소피아 코폴라의 모습입니다(좌).
그로부터 10년 후 2013년 칸느 필름 페스티벌에 참가한 소피아 코폴라.
과연 뮤즈라 불릴 만하지요?

고 즐기며 일하는 사람! 어느 곳에나 무슨 일에나 필요한 사람이지만,

패션 디자인의 세계에서 꼭 필요한 사람입니다.

그림을 잘 그리는 사람만
디자이너가 되나요?

그림을 잘 그릴 줄 알면 물론 좋은 디자이너가 되는 데 유리합니다. 그러나 패션 디자이너에게는 그림을 그리는 능력보다 자신의 아이디어와 생각을 구체화시키는 능력, 그리고 다른 사람을 설득할 수 있도록 그림으로 표현하는 능력이 더 중요합니다. 왜냐고요? 패션 디자이너가 그리는 그림은 화가가 그리는 그림보다는 건축가가 그리는 설계도에 더 가까운 모습이기 때문이지요. 패션 디자이너의 그림은 만들고자 하는 의상의 전체적인 윤곽과 디테일을 실물에 가장 가깝게 흑백으로 간략하게 표현하는 것입니다. 전달하려는 의도를 간단하고 명확하게 보여주기 위해 수치를 기록하고 봉제 방법에 대한 설명을 덧붙이기도 하는데요. 이렇게 생산 작업상 필요한 그림을 도식화라고 합니다.

수치를 기록하고 봉제 방법을 설명하는 도식화.

　디자인 초기에 콘셉트를 설명하기 위해 그리는 스케치는 인물이 입은 착장* 중심의 패션 일러스트인데요. 이것은 다른 사람들에게 자신의 디자인 의도, 콘셉트, 방향성, 포인트를 표현하기 위해 사용합니다. 스케치에 컬러를 입혀 만들고자 하는 분위기를 확실하게 전달하지요. 그림을 잘 그리는 사람이라면 이 단계에서 자신의 능력을 마음껏 발휘할 수 있겠지요.

시즌 코트의 일러스트입니다.
어때요, 입어보고 싶은 마음이 드나요?

그러나 무엇보다 중요한 것은 준비 중인 시즌의 방향을 나타내는 시즌 콘셉트 맵*을 시각화시키는 능력이랍니다.

08 s/s concept

Re*-ism classic romanticism
modern romantic의 가장 Re*스러움을 나타내는 테마
couture & classic mode를 믹스하여 페미니티를 표현
기존의 모노톤 컬러 배합에 포인트를 믹스하여 밝은 봄느낌을 유도한다.
KEY ITEM: JK, ONE-PIECE, BLOUSE, HALF PANTS
TEXTILE: WOOL, SILK, POLY, COTTON/RAYON……
COLOR: WHITE, BEIGE, BLUE, BLACK, YELLOW, GREEN……

Re*verse city ethnic
ethnic과 modern을 섞어 변화된 Re*를 표현하는 테마
print play로 표현되는 08 s/s의 새로운 에스닉
조형적인 실루엣, couture적인 터치로 새로운 모더니티를 표현
KEY ITEM: SAFARI, JUMPER, ONE-PIECE, SKIRT
TEXTILE: LINEN MIX, POLY PRINT……
COLOR: ORANGE, KHAKI, BEIGE, PURPLE, PRINT……

re* ism

mannish & feminine

re* verse

modern safari

시즌별 테마에 따라
콘셉트 맵을 구성해보았어요.

그림을 잘 그려도 그것을 바탕으로 한 옷의 완성도가 떨어지는 디자이너도 있고, 반대로 그림은 조금 어설퍼도 옷의 완성도가 뛰어난 디자이너도 있습니다. 원하는 것이 확실하고, 그것에 대한 지식과 다른 사람에게 본인의 생각을 잘 설명하고 전달할 수 있는 능력이 그만큼 중요하겠지요?

옷을 좋아하고, 꾸미는 걸 잘하니까
패션 디자이너가 되면 어떨까?

패션 디자이너는 옷을 좋아하는 사람인 동시에 옷을 만드는 사람입니다. 따라서 가장 중요한 자질로 '옷에 대한 열정'을 들 수 있겠지요? 하지만 모든 전문직이 그러하듯 패션 디자이너 역시 열정과 더불어 전문적인 능력을 필요로 합니다. 자신의 디자인을 뒷받침하고 결과물을 돋보이게 해줄 기타 실무 능력도 갖추어야 하고요. 예를 들어 컴퓨터 활용 능력이 그중 하나인데요. 패션 디자이너는 특히 포토샵, 파워포인트, 일러스트 등의 프로그램을 능숙하게 다룰 줄 알아야 합니다.

패션 디자이너에게 컴퓨터 작업은 필수랍니다!

- ☺ **포토샵·파워 포인트 :** 맵을 꾸미거나 자료를 제시하고, 보고서를 작성하는 데 활용합니다.

- ☺ **일러스트 :** 도식화로 작업 지시서를 꾸밀 때 필요합니다. 주로 스포츠의 류·신사복·아동복에서 많이 이용합니다.

- ☺ **엑셀 :** 수치화된 자료를 만들 때 필요합니다.

엑셀은 추가적으로 필요한 기능이지만, 파워포인트·포토샵·일러스트는 디자이너가 잘 다루어야 하는 필수적인 프로그램입니다. 각 프로그램의 기능을 활용하여 자료를 만들고 분석할 줄 아는 능력을 갖춘다면 자신의 디자인을 한 단계 업그레이드하는 것은 물론 보다 효과적으로 상대방을 설득할 수 있겠지요?

Be@TOY®　작업지시서 [상의]

	결	D/S	MD	D팀장	R팀장	본부장
	재					

STYLE NO.	년도	시즌	제품명	수량	사입처	생산지	생산구분	입고예정일	출고예정일
BU318HS101	2012	FALL		270	MICO	중국		2012.7.20	2012.7.25

ORIGINAL

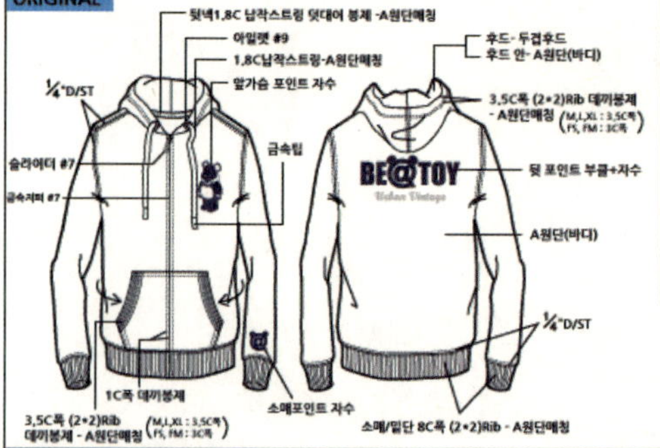

- 뒷넥1.8C 납작스트링 덧대어 봉제 - A원단매칭
- 아일렛 #9
- 1.8C납작스트링 - A원단매칭
- 알가슴 포인트 자수
- 후드 - 두겹후드
- 후드 안 - A원단(바디)
- 3.5C폭 (2*2)Rib 데마봉제 - A원단매칭 (M,L,XL : 3.5C폭) (FS, FM : 3C폭)
- 뒷 포인트 부클+자수
- A원단(바디)
- ¼"D/ST
- 슬라이더 #7
- 금속지퍼 #7
- 금속팁
- Be@TOY Urban Vintage
- 1C폭 데미봉제
- 3.5C폭 (2*2)Rib 데미봉제 - A원단매칭
- 소매포인트 자수
- 소매/밑단 8C폭 (2*2)Rib - A원단매칭
- ¼"D/ST

- 뒷넥 납작스트링 < M,L,XL : 1,8C / FS, FM : 1,8C
- 메인라벨 -넥 총상바닥 2,5C위쪽으로 지퍼밑 위치시 봉제 - A원단 매칭 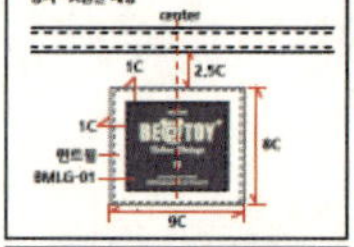
- 메인라벨 - 넥 총상바닥 2,5C위쪽으로
- center
- 케어라벨 - 착장 완료 와이 밑단에서 12C 상단에 끼워봉제

	부자재			
	품명	규격	소요량	기타
메인라벨	BMLG-01		1EA	GRAY
사이즈라벨	MAIN 포함			
케어라벨	CLA-01		1EA	캐릭터케어
	CLA-02		1EA	한글
뒷넥	납작스트링	1.8C		A원단매칭
스트링출	납작스트링	1.8C		A원단매칭
금속팁	BT-01			앤틱실버
아일렛	BI-01	#9		앤틱실버
지퍼	금속지퍼	M,L,XL - #7 / FS,FM - #5		흑무광
슬라이더	BP-01	M,L,XL - #7 / FS,FM - #5		흑너컬 무광
앞 point	자수			
소매 point	자수			
뒷 point	부클+자수			
봉사	30's 3합			A원단매칭

SIZE SPEC / SIZE별 수량 / 원단

구분	FS	FM	M	L	XL	COLOR	CODE	FS	FM	M	L	XL	TTL	사용부위	소재명	색상	원단폭	요척	원단처
어깨넓이						M/gray	605	10	35	55	30	20	150	A	3겹 쮸리 (350g)	M/gray			
가슴둘레						Navy	890	10	30	50	30		120			Navy			
허리둘레																			
밑단둘레																			
총장(뒷중심)																			
암홀(직선)																			
소매길이																			
소매통																			
소매단																			
목둘레																			
후드넓이*폭				TTL															

주의사항

- 메인 원부자재 디자인실 컨펌후 진행

여러분이 장차 만들게 될 작업 지시서입니다.
포토샵과 엑셀 프로그램을 이용한 것이지요.

BU318HS101 아트웍 위치

FS,FM

- CENTER
- CENTER
- 7cm
- 5.5cm
- 10cm
- 1.5cm
- 1.5cm
- 골뱅이 위치 공통
- 결개선 반대쪽 CENTER

M,L,XL

- CENTER
- CENTER
- 8cm
- 7cm
- 12.5cm
- 2cm
- 2cm
- 골뱅이 위치 공통
- 결개선 반대쪽 CENTER

수작업이 아닌 일러스트와 포토샵을 사용한 작업 지시서입니다.

패션 디자이너나 의류사업 전반에 걸친 직업에 종사하는 사람들에게도 기본적인 공부가 필요합니다. 이들을 양성하는 대학이나 전문기관에서 받게 되는 공통 교육과정은 경영학·심리학·마케팅 분야인데요, 패션 디자이너를 지망하는 사람들은 실무에 필요한 내용들을 깊게 배웁니다. 이를테면 섬유의 특성과 재질, 세제에 관련된 분야를 배우는 화학, 인체 크로키를 비롯한 미술사, 색채·봉제·패턴과 같은 옷 만들기에 대한 실무 내용들입니다. 어떠세요? 문과, 이과, 미술 등 다양한 분야의 과목이 고루 섞여 있지요? 패션 디자이너가 될 거라고 해서 그림만 그린다거나 디자인만 하는 게 아니라는 것, 잘 아셨지요? 여러분이 지금 배우는 모든 것, 또 보고 듣고 느끼고 경험하는 모든 것이 언젠가 여러분이 직접 옷을 디자인하거나 만들게 될 때 꺼내어 쓸 수 있는 소중한 도구가 될 거예요. 그러니 되도록 많이 배우고, 보고, 경험해보세요.

또 하나. 패션 디자이너가 되고 싶다면 사회 전반에 관심을 가지고, 상식이 풍부한 사람이 되도록 노력해야 합니다. 왜냐고요? 디자이너란 내가 입을 옷을 만드는 사람이 아니라 다른 사람이 입을 옷을 만드는 사람이기 때문입니다. 그저 단순하게 "내가 좋아하는 옷을 만들어서 내 방식대로 즐겨야지!"라고 생각하는 사람은 디자이너로서의 소양이 조금 부족해 보여요. 나를 꾸미는 것이야 내 마음이지만, 디자이너는 나를 떠나 다른 사람들의 마음과 심리까지 파악하고 더 나아가 사회의 전반적인 분위기나 경제·환경 등도 생각해야 하는 사람이니까요.

"사람들은 왜 옷을 입을까?", "어떤 브랜드의 옷이 특별한 인기를 끄는 이유는 무엇일까?", "언제 어디서 어떤 옷을 어떻게 입어야 할까?", "어떤 옷들은 왜 그렇게 가격이 비싼 것일까?", "유명한 디자이너들은 어디에서 어떻게 아이디어를 얻을까?" 등등 많이 고민하고 연구해보세요. 생각을 많이 할수록 좋은 디자이너가 될 수 있답니다. 그러니까 여러분, 다른 사람에 대해 관심을 갖고, 다양한 현상에 관심을 기울이세요. 그 또한 디자인 작업을 하기 위한 워밍업이니까요.

그림도 잘 그리고 꾸미는 것도 잘하면 정말 좋겠지만, 그림도 좋아하고 꾸미는 것도 좋아하는 사람. 좋아하는 일에 관심과 애정을 가지고 열심히, 그리고 꾸준히 도전하는 사람! 여러분은 그런 사람이 되면 좋겠어요. 좋아서 하는 일이 여러분을 춤추게 할 거예요.

대학에서 배우는 내용

대학에서는 의류학 전반에 걸친 내용을 체계적으로 학습하게 됩니다. 패션 디자이너뿐만 아니라 의류산업에서 요구하는 여러 직업인을 양성하는 데 목적이 있기 때문이지요. 그래서 여러분이 생각했던 것보다 더욱 광범위하게, "옷을 중심으로, 옷에 관련된" 다양한 분야를 공부하게 됩니다. 몇 가지 예를 들어볼게요.

▸ **복식 미학** : 패션과 사회의 관계, 복식 디자인의 원리, 한국 복식 문화 역사, 서양 복식 문화 역사에 대해 배웁니다.

▸ **의복 인간 공학** : 인체 계측법, 의복을 만드는 구체적인 방법, 컴퓨터를 이용한 의복 설계에 대해 배우게 됩니다.

▸ **의류 소재** : 의류 소재의 종류와 직조, 염색 등 섬유 화학과 연계된 내용을 배우게 됩니다.

▸ **패션 마케팅** : 패션과 사회 심리와의 관계, 패션 마케팅, 비즈니스로서의 패션에 대해 배우게 됩니다.

▸ **패션 디자인** : 패션 일러스트의 기본인 인체 크로키, 패션과 색채 및 디자인 실무에 대해 배우게 됩니다.

(자세한 내용은 부록에서 다루었으니 참조하세요.)

외국어를
잘해야 하나요?

외국어의 중요성은 여러분이 학교를 다니기 전부터 지겹도록 들어 왔을 거예요. 패션 디자이너에게 외국어 능력은 매우 중요합니다. 작은 일로는 해외 출장을 가는 것에서부터 큰 일로는 해외 바이어 상담, 해외 진출에 이르기까지…. 지구촌이 하나의 커다란 무대가 되어버린 여러분 세대에게는 더욱 더 중요하지요.

해외 출장 지역은 자신이 디자인한 옷의 분위기에 따라 결정됩니다. 반드시 영어권으로 간다는 보장이 없는 것이지요. 의상의 종류나 성격에 따라 중국으로 갈 수도 있고, 저 멀리 아프리카로 갈 수도 있어요. 따라서 영어는 기본이고 간단한 일본어, 중국어, 프랑스어 등 제2외국

해외 바이어들과 상담하는 모습이에요.
새로운 디자인과 브랜드의 특장점을
열심히 설명하고 있습니다.

어를 익혀두는 게 좋아요. 기본 자료를 읽고 출장지의 고객들과 간단한 인사 정도는 나눌 수 있을 정도로요. 다른 나라의 언어를 익힌다는 건 곧 다른 문화를 이해하려는 노력의 첫 걸음이니까요.

디자이너가 되어 해외 출장을 가게 되면 주로 그 지역에만 있는 특별한 해외 브랜드 매장을 둘러보거나 다음 해의 트렌드(trend;유행)를 알 수 있게 해주는 텍스타일(textile;원단) 전시와 해외 브랜드 전시에 참가합니다. 이때 보이는 만큼, 들리는 만큼 더 많은 것을 알게 되지요. 2000년대 초반에만 해도 디자이너들의 출장은 대개 해외 트렌드 파악이나 다음 해의 유행 컬러와 소재 파악이 목적이었지만, 최근 젊은 디자이너들은 '후즈 넥스트(Who's next)'나 '프레타 포르테(Prêt a porte)' 등의 제품 전시회에 직접 진출하여 주문을 받고 생산하여 수출하는 등 적극적으로 활동하고 있습니다. 영어를 할 줄 안다면 이럴 때 좀 더 원활하게 해외 바이어와 대화를 나누면서 자신이 목표한 바에 한 발 가까이 다가설 수 있겠지요? 물론 디자이너가 아닌 전문 상담자의 능력을 빌릴 수도 있습니다. 하지만, 여러분이 디자인한 제품의 특징과 장점을 가장 잘 설명할 수 있는 사람은 바로 여러분 자신이 아닐까요?

패션 디자인은 상업 디자인입니다. 전시회장에 걸어두고 대중이 관람하게 하는 예술 작품이 아니지요. 그러므로 패션 디자이너는 자신의 옷을 선택하여 입어주는 고객을 누구보다 소중하게 여겨야 합니다. 옷을 만드는 디자이너와 옷을 입는 고객의 눈을 맞추는 것이 중요하다고 강조하는 이유, 고객에게 자신의 옷을 설명하고 그 옷을 선택하도록 설득하는 일이 정말 중요한 이유가 바로 여기에 있습니다. 틈틈이, 그리고 열심히 공부한 외국어는 그런 자리에 꼭 필요한 의사소통 도구가 될 것입니다. 여러분, 기회는 준비하는 자에게 꼭 온다는 사실을 명심하세요! 그럼 이제부터 세계적으로 유명한 해외 전시회장과 주요 출장 지역을 둘러보겠습니다.

● **텍스타일 전시회** : 1년 후에 사용하게 될 소재를 미리 개발하여 소재 업체에서 전시하는 전시회로서 신소재나 유행하게 될 소재의 동향을 알 수 있습니다. 해외 원단을 취급하는 국내 업체에서 원단을 발주하여 국내 브랜드에 공급하게 됩니다.

- 2013. 09. 07   2015 F/W   Premier Vision(프랑스 파리)
- 2014. 03. 17   2014 S/S   Premiere Vision(프랑스 파리)

프리미에르 비전 원단
전시회장 모습입니다.

● **멘즈웨어 전시회 :** 남성복 소재를 전시하는 전시회입니다.

- 2013. 06. 27 S/S Pittiimmagineuomo(이탈리아 피렌체)

- 2014. 01. 20 F/W Pittiimagineuomo(이탈리아 피렌체)

● **캐주얼웨어 전시회 :** 다음 해에 매장에 보여지는 캐주얼(casual) 의류 제품을 미리 샘플 개발하여 소매점이나 편집숍, 백화점 등의 유통 업체에 수주 받는 전시회입니다.

- 2013. 07. 16 2014 S/S Bread & Butter(독일 베를린)

● **어패럴 전시회 :** 어패럴이란 '의복'이라는 뜻인데요. 아웃 웨어를 포함한 광범위한 의미에서의 의복과 속옷(언더 웨어, 이너 웨어)을 총칭합니다. 어패럴 전시회에서는 의류, 잡화 등의 패션 제품을 샘플 개발하여 유통 업체로부터 주문을 받습니다. 자신의 제품을 팔 곳이 없는 신진 디자이너가 제품을 전시하기도 하고, 유명 의류업체에서 다음 시즌의 제품을 미리 주문 받기도 합니다.

- Who's next(프랑스 파리)

- Prêt a porte(프랑스 파리)

- Magic Show(미국 라스베가스)

멘즈웨어 전시회에
참가한 디자이너들이
제품을 설명하고 있어요.

전시장을 둘러보거나 바이어들과
상담을 합니다.

캐주얼웨어 전시장이에요.
개인 또는 브랜드에서 만든 제품으로
수주를 받는 모습입니다.
캐주얼웨어는 코디네이션이 중요하기
때문에 자신들이 만든 제품으로 실제
매장처럼 꾸며서 소비자들에게 보여줍니다.

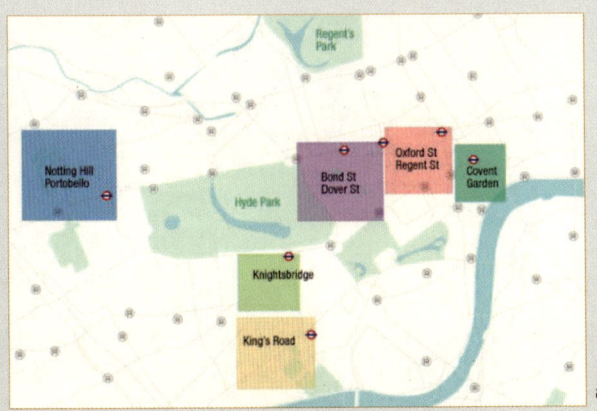

런던(LONDON)

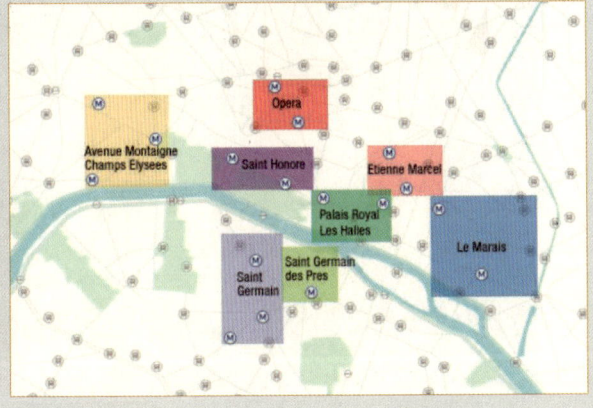

파리(PARIS)

뉴욕(NEW YORK)

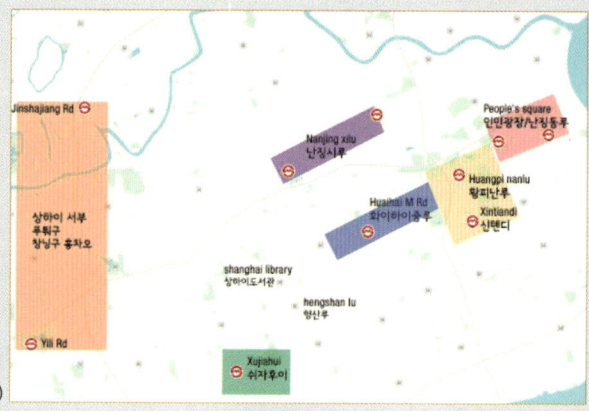

상하이(SHANGHAI)

밀라노(MILAN)

도쿄(TOKYO)

디자인을 전공하지 않은 디자이너 프라다

패션에 관심이 없는 사람일지라도 『악마는 프라다를 입는다*The Devil Wears Prada*』라는 소설과 영화 제목은 한 번쯤 들어보았을 것입니다. '런웨이'라는 세계 최고의 패션 잡지사에 편집장의 비서로 들어가게 된 앤드리아가 치열한 패션계에서 고군분투하는 이야기를 담은 유쾌하고 흥미진진한 이야기를 다루는데요. 작품 속 악명 높은 편집장의 모델이 된 안나 윈투어가 평소 프라다 제품을 즐겨 착용한다고 해서 제목이 "악마는 프라다를 입는다"가 되었다고 해요.

화제의 영화 〈악마는 프라다를 입는다〉 포스터입니다(좌).
작품 속 미란다의 모델이 된 미국 보그(Vogue) 편집장 안나 윈투어(가운데)와 카리스마 넘치는 연기로 대중을 사로잡은 미란다 역의 메릴 스트립입니다(우).

미우치아 프라다의
젊은 시절 모습입니다.
여러분이 상상한 것과
같은 모습인가요?

그런데 말이죠, 이 유명한 디자이너 프라다는 정작 의상학을 전공하지 않았다고 합니다. 이탈리아 사람인 미우치아 프라다는 밀라노 대학 정치학과에 입학한 공산당 당원이었어요. 옷을 좋아하기는 했지만 고가의 상품을 만들어 소비를 조장하는 패션 산업은 그동안 미우치아 프라다가 추구해오던 가치와는 상당히 거리가 멀었습니다. 그러나 어려워진 가업을 잇기 위해 그녀는 패션 사업을 물려 받게 됩니다.

대학시절 공산당 활동을 열심히 했던 미우치아는 기존의 값비싼 가죽 재질로 가방을 만들던 할아버지의 제품이 사치스럽고 비싸다고 생각하게 되었어요. 그래서 가죽보다 실용적인 소재로 어느 옷에나 무난하게 어울리는 가방을 만들기로 마음먹습니다. 즉 "디자인은 심플하게, 소재는 독특하게"라는 자신만의 콘셉트를 세운 것이지요. 천막이나 낙하산 등을 만드는 군수품 전용 공장에서 생산되는 나일론 소재의 포노코 원단을 소재로 가방을 디자인하게 된 것은 이런 이유에서입니

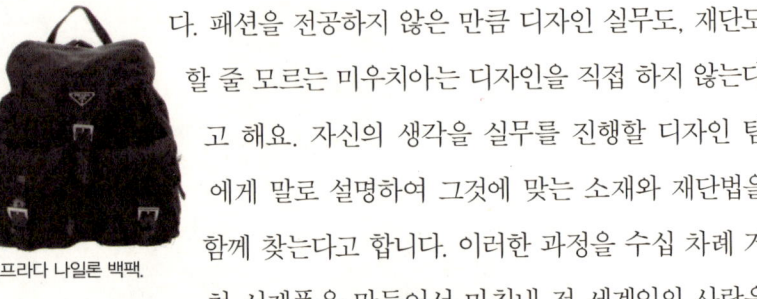

프라다 나일론 백팩.

다. 패션을 전공하지 않은 만큼 디자인 실무도, 재단도 할 줄 모르는 미우치아는 디자인을 직접 하지 않는다고 해요. 자신의 생각을 실무를 진행할 디자인 팀에게 말로 설명하여 그것에 맞는 소재와 재단법을 함께 찾는다고 합니다. 이러한 과정을 수십 차례 거쳐 시제품을 만들어서 마침내 전 세계인의 사랑을 받는 명품을 만들어내는 것이지요.

대부분의 사람들은 디자인 실력이 출중하거나 도안을 잘 그리는 사람이 능력 있는 디자이너라고 생각합니다. 하지만 디자인의 중요성이 갈수록 커지면서 디자인의 개념도 확장되고 있어요. 이제는 디자인 실력

이탈리아 밀라노에 있는 프라다 매장.

체코 프라하에 있는 프라다 매장.

자체보다 상품의 콘셉트를 잘 잡아내는 사람이 실력 있는 디자이너로 인정받는 시대입니다.

미우치아 프라다는 디자인이 아니라 소재 자체에서 차별화 콘셉트를 찾아낸 혁명적인 디자이너입니다. 그녀가 사용하는 나일론 원단은 전 세계적으로 '프라다 원단'이라는 통칭으로 불리는데요, 우리나라에서도 상용될 만큼 그녀의 영향력은 세계적이랍니다.

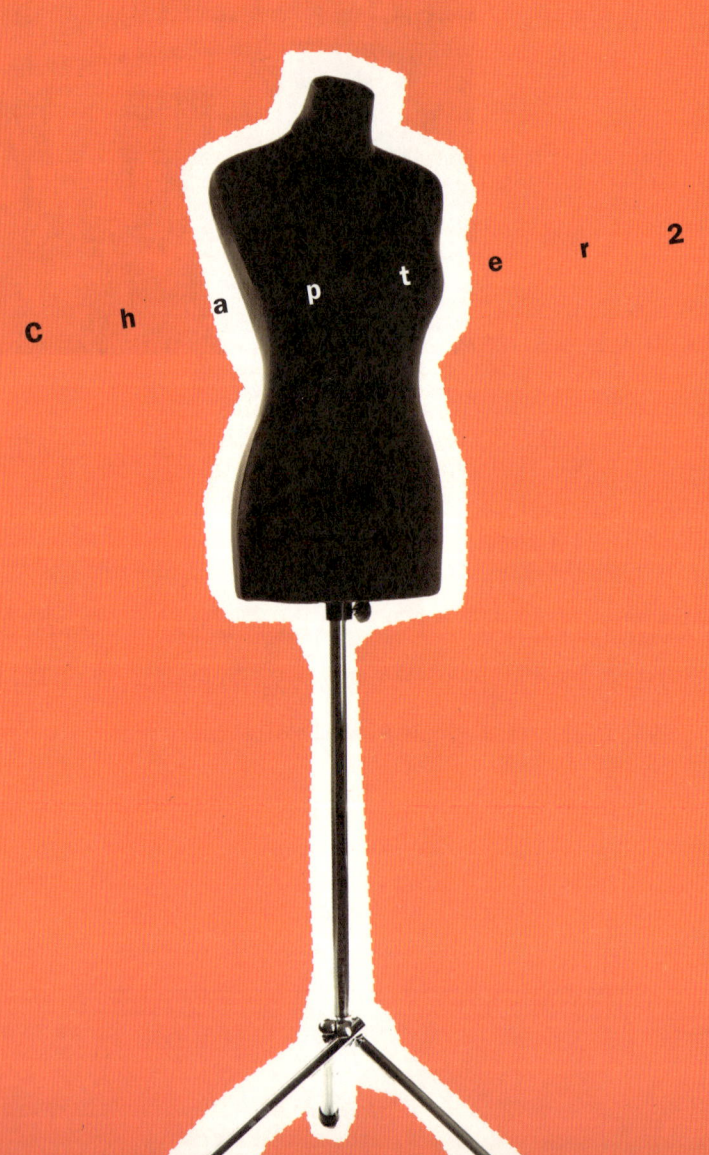

chapter 2

패션 디자이너는 어떤 사람에게 어울리는 직업일까?

좋아하면 잘하는 거야!
옷을 좋아하는 사람

그 무엇보다 '옷을 좋아하는' 사람!

패션 디자이너의 가장 기본적인 조건입니다. 여러분 앞에 놓인 수많은 길 중에 지금 여러분이 선택하고자 하는 패션 디자이너의 길은 결코 화려하지도 않고 편하지도 않습니다. 정말 옷을 좋아하지 않으면 견디기 힘든 일들이 엄청 많습니다. '옷을 좋아하는 사람'을 첫 번째 조건으로 꼽는 이유입니다. 하지만 걱정 마세요. 패션 디자이너의 길은 행복하고 즐거운 길이기도 하니까요.

옷을 좋아하는 방법은 여러 가지일 것입니다. 매장에서 옷 구경하는 것을 좋아하는 사람, 예쁜 옷 사는 것을 좋아하는 사람, 이 옷 저

패션 마니아들의
다양한 '옷 즐기기' 방법 입니다.
여러분은 어떤 쪽을 더 좋아하세요?

옷 입어보기를 좋아하는 사람, 친구들이 옷 입은 것을 보고 평가하기 좋아하는 사람, 옷을 잘 입어서 타고난 패션 센스를 자랑하는 사람, 옷을 직접 만드는 것을 즐기는 사람 등등… 매우 다양한 모습으로 나타나겠지요.

패션 디자이너는 3D* 산업에 속하는 열악한 섬유산업의 종사자입니다. 사무실에서 대부분의 시간을 보낸다고 할지라도 3D의 공통된 운명을 피하기는 어렵지요. 잦은 야근, 매일 터지는 사건 사고, 과중한 업무는 기본입니다. 매일 원단을 만지며 터치와 두께감을 확인하느라 손끝에 피부병이 생기는 디자이너가 있는가 하면, 매일 업데이트된 정보를 확인하느라 컴퓨터를 달고 사는 탓에 날이 갈수록 시력이 나빠지는 디자이너도 많습니다. 업무에 떠밀려 식사를 거르는 적도 많고요. 그러나 대부분의 패션 디자이너들은 이 과정을 견딥니다. 옷을 좋아하기 때문이지요. 자신의 옷이 매장에 걸린 것을 보는 순간, 그 자리에서 무장해제 되는 경험을 했노라고 고백하는 디자이너도 있습니다. 모두들 가슴 벅차면서 긴장된 그 순간을 위하여 그토록 수고하는 것이 아닐까요?

*3D: 더러움을 의미하는 dirty, 힘듦을 의미하는 difficult, 위험함을 의미하는 dangerous의 앞 글자를 따서 만든 말.

디자이너들은 또 발바닥에서 불이 날 만큼 잘 돌아다니는 것으로 유명합니다. 시장 조사가 기본인 탓입니다. 국내 매장은 물론 해외에 나갔을 경우에도 수백 개의 매장을 돌아보게 됩니다. 사실 백화점에 가서 윈도우 쇼핑을 즐기는 게 취미였던 사람일지라도 그것을 직업으로 삼아 수십 수백 개의 매장을 돌아보아야 하는 건 보통 일이 아니지요. 단순히 보는 것뿐만 아니라 매장에 놓여 대중에게 보여지는 옷의 느낌을 기억하고 디테일과 컬러, 소재, 그리고 입었을 때의 디자인 라인까지 기억해두어야 하니까요. 이쯤 되면, "좋아하는 걸 넘어서는 투철한 직업 정신이 있어야겠구나" 싶으시죠?

면접을 준비하는 예비 디자이너들이 자기소개서에 흔하게 사용하는 표현이 있습니다. "저는 어려서부터 바느질과 뜨개질을 좋아했고, 만들기를 좋아하고, 윈도우 쇼핑을 즐기며…"와 같은 문장이죠. 이런 사람들이 정말 많습니다. 하지만 이 책을 읽은 분이라면 여기에 한 줄 더 추가해야겠습니다. "힘든 상황을 뚫고 나갈 인내와 기다림의 의미를 잘 알고 있습니다"라고 말이지요.

자기소개서 쓰기

1. 자기소개서에는 창의성과 본인의 경험이 집약적으로 표현되어야 합니다. 10명 중 8명이 쓰는 뻔한 스토리는 다 읽히지도 않은 채 면접관의 휴지통으로 바로 들어갈 수 있음을 명심하세요(나쁜 예 : ~부모님 밑에서 ~게 자랐으며~, 어렸을 적부터 ~을 좋아하고…).
2. 조직 생활에 어울리는 성격과 성실함, 디자이너로서의 자질, 디자이너로서의 목표 의식을 구체적으로 쓰는 것이 좋습니다.
3. 디자이너는 면접 시에 포트폴리오를 항상 지참하기 때문에 자질을 검증 받는 것은 오히려 수월합니다. 하지만, 면접을 보기 전에 면접관이 먼저 만나는 것은 분명 서류이지요. 그러므로 여러분은 면접관이 "이 사람은 꼭 만나보고 싶다"라는 생각을 갖게끔 서류를 준비해야 합니다.
4. 자기 자신에 대해 충분히, 구체적으로 소개하세요.
5. 여러분이 보내는 자기소개서는 달랑 한두 장에 불과하지만, 면접관이 읽어야 하는 자기소개서는 하루에 몇십 장이 넘을 것입니다. 남의 것을 인용하거나 베껴 쓴 것은 서론만 읽고도 알 수 있습니다.
6. 자신감 넘치는 나를 표현하세요. 이 세상에 오직 하나뿐인 당신을요!
7. 스펙은 스펙일 뿐입니다. 회사에서는 디자이너로서 완성된 사람보다는 흙 속에 묻힌 원석을 찾고 있습니다.

여러분이 예비 디자이너라고 생각하고 자기소개서를 써보세요.

무엇이든 내 손으로!
만들기를 좋아하는 사람

패션 디자이너들은 만들기를 좋아합니다. 옷뿐만이 아니라 디테일을 빛내줄 장식물이나 코사지 등을 직접 디자인해서 만드는 사람도 많아요. 장식물은 보통 액세서리 디자이너가 담당하지만 욕심 많은 디자이너들은 자신의 옷을 처음부터 끝까지 자기 스타일대로 마무리하고 싶어 하지요. 반드시 자기 손을 거친 것만 허락하는 완벽주의자들이 많거든요. 그림을 잘 그리는 디자이너 중에는 손수 티셔츠 전면의 프린트를 브랜드 이미지에 맞게 직접 그려서 완성하는 사람도 있습니다.

우리는 무엇을 만들 때 먼저 어떤 모양으로 만들까 정한 다음, 완성된 모습을 상상하고, 어떻게 만들지 계획을 세웁니다. 옷을 디자인하는 것도 이와 유사한 과정을 거칩니다. 그러므로 여러분이 무엇이든 직접 손으로 만들어보는 것을 좋아하고, 또 잘하는 사람이라면 반드시 좋은 패션 디자이너가 될 수 있을 거예요. 그럼 이제 패션 디자이너가 옷을 만드는 과정을 잠깐 들여다볼까요?

- **전체적인 분위기 정하기** : 옷을 입게 될 누군가가 언제 어디서 무엇을 할 때 입을 옷인지에 따라 전체적인 분위기와 이미지를 결정합니다.

- **세부 디자인에 들어가기** : 상의(블라우스, 티셔츠, 재킷 등)를 디자인할 것인지 하의(스커트, 팬츠, 오버롤 등)를 디자인할 것인지 정합니다.

- **코디네이션 점검하기** : 각 아이템 간의 코디네이션을 살핍니다. 대략적인 스케치를 통해 각 아이템을 어떻게 입고 서로 어우러지게 할지 생각합니다.

- **원단 선택하기** : 선정된 디자인을 어떤 원단으로 만들지를 결정합니다. 자신이 선택한 원단으로 옷이 만들어질 모습을 상상하여 결정하지요.

- **디테일 디자인** : 원단이 결정되면 자세한 디테일 디자인에 들어갑니다. 완성된 모습을 상상하며 스티치*와 봉제 방법은 어떤 식으로 처리할지, 단추나 지퍼 등의 부자재는 어떤 종류로 사용할 것인지, 패드*와 심지*는 무엇을 쓸 것인지 등을 결정합니다.

***스티치(stitch)** : 바늘땀.

***패드(pad)** : 신체 라인의 보정을 위해 가슴이나 어깨에 덧대는 것.

***심지** : 옷의 형태가 무너지지 않도록 옷 속에 넣는 조금 단단한 옷감.

스케치에서 만들기까지,
디자이너는 긴장을 늦출 사이가 없어요.

옷의 완성도는 계획을 얼마나 잘 세우는지, 그리고 그 계획에 따라 얼마큼 완벽하게 진행하는지에 좌우됩니다. 물론 디자인을 토대로 옷을 직접 만드는 일은 봉제하시는 분의 몫입니다. 하지만 일이 계획대로 잘 되고 있는지 수시로 체크하고, 만의 하나 문제점이 발견되면 즉시 수정하는 것은 디자이너의 몫이지요. 상상력과 계획성, 그리고 추진력과 꼼꼼함은 만들기의 기본이자 패션 디자이너의 기본입니다.

할 수 있어, 다 잘될 거야!
긍정적인 사람

잦은 야근에도 뭐가 그렇게 좋은지 항상 웃는 모습의 디자이너 A는 주변 사람들의 에너지 공급원입니다. 이유를 물어보니 "일은 힘들지만 재미있고, 지치지만 신난다"고 합니다. 뜻대로 안 되어 일을 그만두거나 손을 놓고 싶은 마음이 들 때도 있지만, 오늘 일을 해결하면 내일은 또 새로운 날이니까 다시 시작하는 마음으로 일터에 선다고 해요. 지금 그녀는 해외 브랜드 디자인실 팀장으로 일하면서 여전히 주변 사람들에게 엔돌핀을 팍팍 주고 있는 중입니다.

한 사람의 긍정의 힘은 주변 사람 모두에게 전파됩니다. 회사의 일이란 게 팀으로 하는 일과 개인이 하는 일 모두가 얽혀 있게 마련이어서 주변 사람들의 기분에 영향을 많이 받게 되지요. 아침부터 저녁까지 직장에서 함께하는 동료들끼리는 가족보다 더 가족 같은 끈끈함으로 뭉치게 됩니다. 품평회나 패션쇼를 준비할 때는 팀원 모두가 아침·점심·저녁 식사를 같이하기도 하고요. 또 출장을 가면 두어 명이 방 하나를 같이 쓰기도 하지요.

팀원들이 어떤 마음 가짐으로 회사 생활을 하는가에 따라 디자인실의 분위기뿐만 아니라 업무나 개인의 삶의 질도 결정됩니다. 물론 이것은 다른 직업에 종사하는 사람들에게도 해당되는 사실입니다.

긍정적인 마음가짐과 결속력은
불가능한 일도 가능하게 만듭니다!

반면에 이력서를 '한 직장에서 6개월'짜리 경력으로 가득 채운 디자이너 B는 능력은 출중하지만 항상 불평 불만이 많은 사람입니다. 오늘은 패턴실 C군 때문에, 내일은 생산실 차장 D씨 때문에 봉제가 엉망이 되었다고 불평을 터뜨립니다. 또 업체 E가 본인이 말한 대로 해주지 않아 옷이 엉망이 되었다고 투덜댑니다. 타 부서와의 관계가 원활하지 못한 것은 물론 디자인실 안에서도 다른 디자이너를 깎아내리기에 여념이 없습니다. F는 디자인이 엉망이고, G는 막내인데도 나의 말을 듣지 않는다… 등등 말이지요. 아무래도 의사 소통에 문제가 있어 보입니다. 디자인 능력이 출중할지라도 나의 재능을 빛나게 해주는 다른 팀원들과의 케미(?)가 만들어지지 않는다면 그 사람의 하루는 고되고 힘들기만 할 것입니다. 타인을 위한 배려심과 긍정 마인드가 여러분의 능력에 날개를 달아줄 거예요.

나는 수집광!
모으는 것을 좋아하는 사람

여러분도 자신이 좋아하는 어떤 것, 본인에게 특별한 그 어떤 것을 수집하고 있나요? 누구에게나 한두 번쯤 무언가를 모으는 데 '빠져보았던' 경험이 있을 거예요. 모을수록 더 모으고 싶고, 자신이 모으고 있는 것에 대해 자세히 알고 싶어서 자료를 찾아보게 되고, 이미 모은 것들을 다른 방식으로 재배열하면서 빠져들었던 경험 말이지요.

저는 우표를 모았던 경험이 있어요. 처음 우표를 모으기 시작했을 때에는 단순히 좋아하는 색감과 그림이 있는 우표를 골랐습니다. 그러다가 행사가 있을 때마다 발행되는 기념우표를 사서 모으기 시작했고요. 어느 정도 모아 우표책으로 한 권 분량이 되자 저는 이것들을 연도 별, 나라 별로 구분해서 정리했습니다. 얼마 후에는 우표들을 다른 기준으로 재정리했고요. 모아놓은 우표는 같았지만 정리 방식이나 기준에 따라 느낌과 기분이 달라졌던 신기한 경험이었답니다.

패션 디자인에서도 자료 모으기가 상당히 중요합니다. 디자인은 하늘이 내려준 재능으로 머릿속에 불현듯 떠오르는 이미지를 그려내는 게 아니라, 많은 데이터를 축적하고 그것들을 정리하여 자신의 방식대로 소화한 후 필요한 것들을 끄집어내는 데서 시작하니까요. 디자이너들은 오프라인에서 직접 사진을 찍어서 자료를 만들기도 하고, 온라인에서 사진을 발췌하여 사용하기도 해요. 디자인에 필요한 자료는 대개 사진이나 그림과 같은 시각 자료들입니다. 그런데 이와 같은 자료 모으기에는 순서와 단계가 있습니다. 함께 알아볼까요?

착장 조사

일명 '소비자 자료'라고도 합니다. 길거리에서 소비자들이 실제 입고 있는 옷을 사진으로 찍어서 그것을 바탕으로 소비자 분석을 합니다. 다시 말해 "실제 소비자들은 어떤 옷을 필요로 하고, 어떻게 입고 다니는가?"를 알기 위해 모으는 자료로서 디자이너가 알고 있는 사실에 객관성을 부여하는 데 꼭 필요한 기초 자료입니다. 소비자 자료를 모을 때 염두에 두어야 할 점은 기간을 일정하게 두는 것입니다. 주기가 중요하다는 뜻이지요. 예를 들어 15일에 한 번, 30일에 한 번과 같

이 시기와 주기를 모두 지키는 것이 중요합니다. 매장에 나가는 옷을 정할 때 참고로 삼을 수 있기 때문이죠. 이를 테면 디자이너가 2월 첫 주에 거리로 나갔더니 트렌치코트를 입고 있는 사람들이 많았다고 해요. 그것은 곧 사람들이 2월 첫 주 전에 트렌치코트를 입기 시작한다는 뜻이 되겠지요? 그러므로 디자이너는 1월 중으로 매장에 새로운 디자인의 트렌치코트를 준비해놓아야 한다는 뜻이 된답니다.

시장 조사

국내와 국외 시장 조사로 나뉩니다. 해외 출장 시에 찍게 되는 해외 매장 사진만큼이나 국내 매장 사진 자료도 중요합니다. 하지만 조사한 바를 토대로 남의 디자인을 그대로 카피(복사)하면 절대 안 됩니다. "타 브랜드에서는 이러저러하게 나왔으니 우리는 이렇게 디자인하자"고 결정하는 데 참고할 수 있을 따름이지요(자신의 디자인을 카피한 옷이 타 브랜드에서 생산되면 기뻐해야 할지 기분 나빠해야 할지 모르는 기이한 경험도 비일비재합니다). 또한 각종 전문 정보 업체나 인터넷에서 자료를 얻기도 하고, 패션 잡지의 화보를 통해서 자료를 얻기도 합니다.

선택과 갈무리

수많은 자료를 자신의 눈으로 걸러서 필요한 것을 저장합니다. 여러 명의 디자이너가 수집해온 자료를 모아놓고, 겹치는 것과 각 디자이너의 고유한 취향이 드러나는 것으로 나눕니다. 그런 다음 각자 필요한 자료를 수집해서 자신만의 정리 방에 넣어두고 디자인할 때마다 꺼내 쓰면 됩니다. 컴퓨터에 폴더를 만드는 것과 같은 개념이지요.

같은 장소를 방문하고, 같은 출장지에 다녀와도 디자이너들이 모아온 자료는 천차만별입니다(물론 겹치는 것도 있지만요). 사람마다 보는 눈이 다르고, 스타일과 취향이 다른 탓이겠지요? 또 이렇게 취사선택하고 정리한 동일한 자료들을 디자이너들에게 나누어주면 놀랍게도 전혀 다른 디자인들이 쏟아져 나옵니다. 정말 신기하지요? 디자이너 자신만의 눈을 통해 자료를 모으고 거르는 힘, 디자인력(design power)은 바로 여기서 비롯됩니다.

모아온 자료들을 가지고
디자이너들이 회의를 하고 있어요.

한 번 더, 조금만 더
최상주의자인 사람

패션 디자이너를 뽑는 어느 회사에서 적성 검사를 치른 결과 다섯 가지 코드가 나왔는데, 그중 디자이너들에게 공통적으로 들어 있었던 코드가 바로 '최상주의자'였다고 합니다. 조금 의외의 결과이지요? 최상주의자는 기준을 평균에 두는 사람이 아니라 최상에 두는 사람, 자신의 업무를 최상으로 끌어 올리는 데 보람을 느끼는 사람, 항상 도전하고 최고가 되기를 꿈꾸는 사람이라고 하는데요. 완성하는 데 만족하는 것이 아니라 고쳐서 더 좋아질 것이 없는지 끝까지 여러 번 생각하는 사람이라고 할 수 있어요.

신상품으로 출시할 테일러드 재킷의 칼라 선을 이렇게 그려보고 저

음… 마음에 들지 않아.
다시 해봐야겠어!

렇게 선을 잡아보면서 가장 멋진 칼라 선이 나올 때까지 뚫어져라 보고 또 보며 시간 가는 줄 모르는 디자이너의 모습이지요. 또 한겨울 잇 아이템으로 선정된 가벼운 소재의 패딩 점퍼에 어떤 특장점을 부여할까 고민하면서 허리선을 잡아보기도 하고, 후드를 달았다 떼었다 하는 디자이너의 모습이기도 합니다.

남들은 "이 정도면 괜찮다"고 넘어갈 일도 다시 한 번 생각해보고, 자신이 만족할 때까지 최선을 다해 최고를 만들어내는 사람. 그 사람이 바로 최상주의자입니다. 디자이너에게 반드시 요구되는 특성이지요.

오늘, 더 좋은 생각이 들어왔다
아이디어가 샘솟는 사람

새로운 의견이나 아이디어가 많은 사람은 패션 디자이너로서 성공할 가능성이 높습니다. 모든 일에는 항상 자신의 의견이나 생각이 필요하고, 또 많은 경우 자신의 아이디어로 일을 결정해나가야 하기 때문입니다. 예를 들어 일반적인 투버튼 재킷에 핑크색 안감을 넣어 소매를 접었을 때 핑크색이 보이게 하는 아이디어로 새로운 재킷을 디자인할 수도 있습니다. 투 버튼 재킷 자체는 매우 일반적이고 평범한 옷이지만, 소매를 접었을 때 안감을 보이게 한다는 것은 독창적인 생각이거든요.

아이디어는 직관적으로 얻어지기도 하지만, 관찰과 훈련으로 만들

어떻게 저런 생각을 했지?
정말 놀라워!

어지기도 합니다. 태어날 때부터 남들이 생각조차 하지 못할 아이디어가 풍부한 사람도 있지만, 훈련이나 애정 어린 관찰에 의해서도 아이디어는 자라납니다. 그리고 본인의 아이디어가 어떤 형태로든 구현되어 성공을 만끽하게 된다면 그는 자신감을 얻게 되어 더 다양한 아이디어나 의견을 내놓을 수 있게 되지요. 아이디어 개발 훈련에 도움이 되는 몇 가지 쉬운 일들을 살펴볼까요?

- 사물을 시각화하기
- 혼자서 브레인 스토밍 해보기
- 마인드 맵 그려보기
- 전공 분야와 관계없는 독서하기
- 음악 듣기(싫어하는/좋아하는)

- 여행하기
- 낙서하기/남의 낙서 관찰하기
- 메모하기
- 산책하기
- 하기 싫은 일 해보기
- 자연으로 자주 나가기
- 아주 시끄러운 곳/조용한 곳에 가보기

하지만 아무리 멋진 아이디어가 나왔다고 해도 혼자만 간직하면 소용이 없습니다. "구슬이 서 말이라도 꿰어야 보배"라고 했잖아요? 중요한 것은 본인이 충분히 생각하고, 고민하고, 자기 의견을 가지고 나서 그것을 다른 사람에게 밝히는 것입니다. 다시 말해 "나만의 아이디어를 내어놓는 것"이지요. 의견을 내놓는 데 두려움을 버리고, 자신만만하게 도전하세요. 여러분을 아이디어 공장으로 거듭나게 해주는 길입니다.

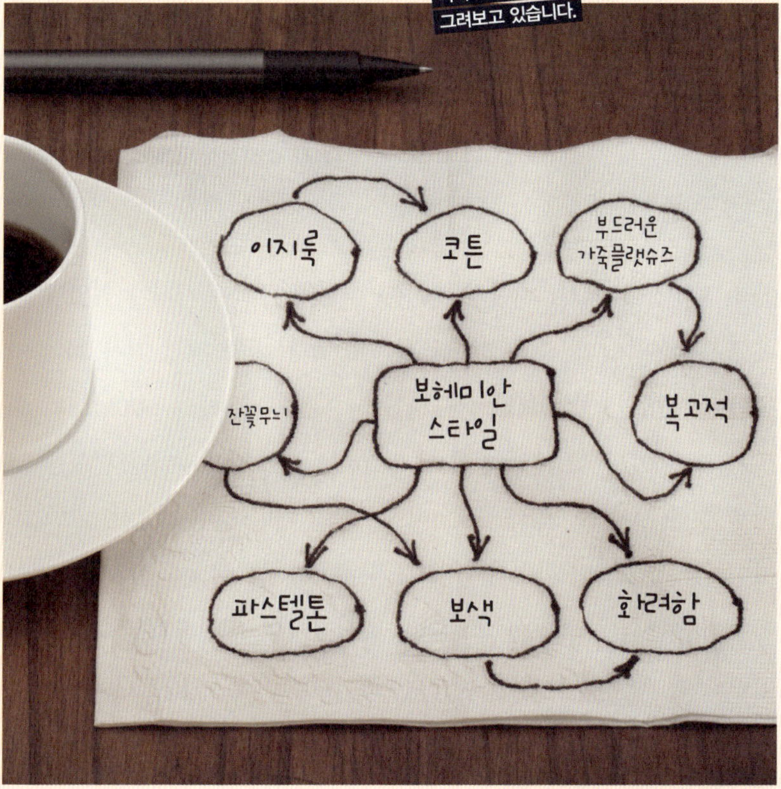
이지룩
코튼
부드러운
가죽플랫슈즈
보헤미안
스타일
잔꽃무늬
복고적
파스텔톤
보색
화려함
디자이너가 마인드 맵을
그려보고 있습니다.

자연과 호흡하다 보면 생각하지 못했던
좋은 아이디어가 떠오르곤 합니다.

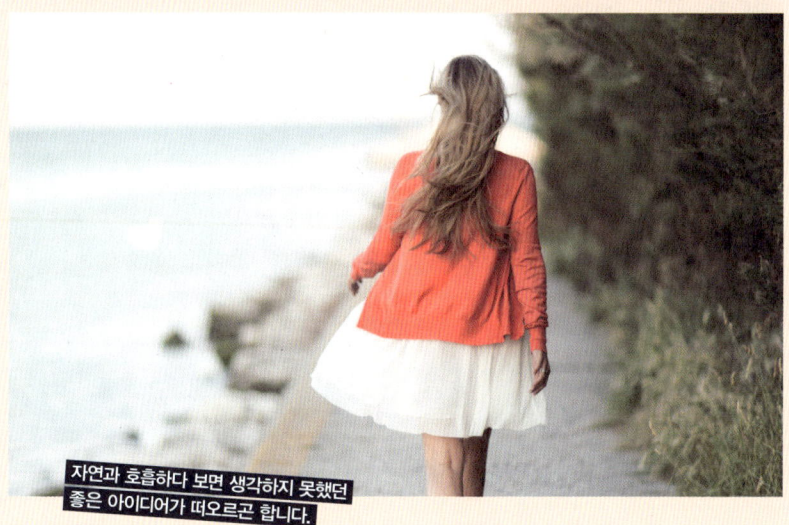

전통을 부순 디자이너
코코 샤넬

아래 사진을 보세요. 패션의 역사에 이렇게 극적인 시기가 있었나 싶어요. 엄마와 딸의 세대 차이라고 해도 좋을 만큼 패션 역사 20여 년 동안에 일어난 변화를 보여주고 있습니다. 1900년대와 1920년대의 의복을 담은 이 한 장의 사진이 불과 20여 년 사이에 일어난 변화를 그대로 드러내는군요. 대체 '그 20여 년' 동안 어떤 일이 있었던 걸까요?

이 시기에는 1914년부터 시작된 제1차 세계대전으로 4년 간 630만 명이 넘는 남성들의 희생되는 대 사건이 벌어졌어요. 여성들의 사회 진출과 직업 활동, 정치적 참여가 크게 늘어났고요. 여성 의상의 변화는 이러한 일련의 사회적 상황과 무관하지 않습니다.

여성 패션의 변화를 보여주네요.

이 변화의 시기에 샤넬이 있습니다.

우리가 흔히 '코코 샤넬'이라고 부르는 샤넬의 원래 이름은 가브리엘 샤넬(Gabrielle Bonheur Chanel)입니다. 1883년 8월 19일 프랑스에서 태어나 1971년에 생을 마감했어요. 샤넬은 여성의 옷을 정형화된 여성미에서 해방시킨 혁명적인 디자이너입니다. 몸을 꼭 조이던 코르셋과 무겁게 부풀려

정형화된 아름다움으로부터 여성을 해방시킨 샤넬의 여성복입니다.

진 가식적인 스타일 대신 '샤넬 스타일'이라는 독창적인 스타일을 선보였거든요.

동시대 여성들이 목 끝까지 단추를 채우고 허리를 꽉 조이는 코르셋의 고통에 허덕일 때, 그녀는 과감히 목을 드러내는 셔츠와 발목이 드러나는 바지를 입음으로써 여성들에게 활동의 자유를 선물했습니다. 얼마나 충격적인 제안이었지 상상할 수 있죠? 그 당시엔 남자들만 바지를 입었거든요. 그런데 여성이 바지를 입다니요, 그것도 발목이 보이는 것을 말입니다.

깔끔한 선과 간결한 이미지만으로도 최고의 여성성을 이끌어낼 수 있다는 그녀의 패션 철학은 남성의 속옷감으로 사용되던 저지를 훌륭한 여성복 소재로 재탄생시켰습니다. 당시 여성들에게 그런 스타일은 관습으로부터의 해방을 의미했어요. 몸을 조이는 코르셋으로 무장하고

코르셋 대신 자유를!

뒤로 물러나 있는 얌전하고 정숙한 이미지 대신 자기 일을 가지고 주
도적으로 삶을 개척해나가는 현대적인 스타일! 샤넬은 마침내 여성을
위한 실용적인 옷을 개발한 것이지요.

　"내가 곧 스타일이다"라는 자신감으로 자신에게 가장 잘 어울리는
옷을 만들고 직접 모델이 되어 고객을 사로잡았던 코코 샤넬. 그녀는
자신이 디자인한 작품의 최고의 모델이자 홍보 담당자였습니다. 샤넬
의 대표적인 아이템인 핸드백은 어깨 끈을 사용하여 처음으로 여성의
손을 해방시켰고, 당시에는 장례식에만 사용되는 색이었던 블랙(black)
을 사용하여 심플하게 디자인한 '리틀 블랙 미니 드레스'를 선보임으로

금장으로 장식한 샤넬백.

써 전형적이고 상투적인 여성의 모습을 거부
하는 뭇 여성들의 유니폼이 되었지요. 그녀의
디자인은 현재까지 다양한 변형을 거쳐가며
응용되고 있습니다.

샤넬 스타일은 이제 전 세계 여성들의 사랑을 받게 되었어요.

요즘에야 어디서나 볼 수 있는 흔한 디자인이라고 하지만, 그 당시에는 여성들의 자유와 의지를 표현하는 수단으로 선택되어 새로운 유행을 선도하게 되었던 것이죠. 만약 샤넬이 사회의 흐름과 변화를 읽지 못하고 과거의 관습을 그대로 받아들이는 디자이너였다면 어땠을까요? 아마 지금 여러분이 이 글을 읽지 못하게 되었을 수도 있겠지요? 한 시대를 충격과 경탄에 빠트렸던 샤넬의 혁명적인 패션 디자인은 이제 오늘의 클래식이 되었습니다.

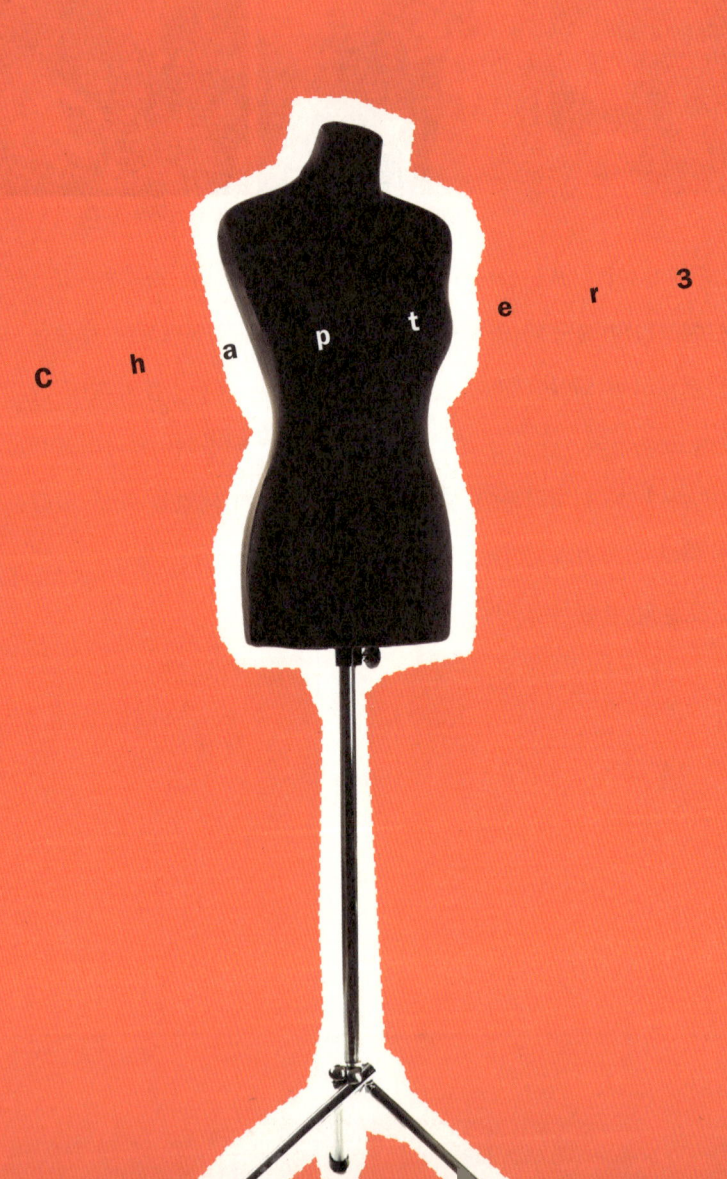

chapter 3

패션 디자이너가 되었어요!

디자이너가 되어 겪게 되는 여러 가지 상황들은 디자이너의 연차에 따라 다릅니다.
이번 장에서는 신입 디자이너, 경력 디자이너, 디자인 실장으로 나누어
각각 하는 일들을 이야기하겠습니다.
여러분이 디자이너가 되어 마주하게 될 상황들을
이해하는 데 도움이 될 것입니다.

두근두근 첫 출근
신입 디자이너

센스는 나의 무기

제가 처음 입사했던 디자인실은 소규모 부티크였습니다. 첫날 실장님
이 내린 첫 미션은 "곧 손님이 오실 테니 다과를 센스 있게 준비하라"
는 것이었지요. '센스 있게'라는 단어가 귓전에 크게 울리면서 그 순간
부터 머릿속에서 계속 맴돌았습니다. 저는 "나의 센스 있음을 검증 받
아야 한다"는 마음으로 근처 제과점으로 달려갔어요. 그리고 어떤 것
이 센스 있는 과자일까를 생각하며 수많은 과자와 케이크를 노려보았
지요. "롤케이크는 너무 흔해. 초코칩 박힌 쿠키는 너무 유아적이야.
크루아상은 어떨까? 아냐, 부스러기가 떨어지면 손님이 민망해할지도
몰라. 그러면…" 이러지도 저러지도 못한 채 이것을 보았다 저것을 보

왔다 하며 멍하니 서 있던 저는 마침내 무언가를 골라 들고서 서둘러 사무실로 돌아갔습니다. 결국 실장님의 확답을 듣지도 못했고, 자신만만하게 골라서 가져간 것이 정작 어떤 과자(혹은 케이크)였는지조차 기억나지 않지만, 그날의 설렘과 떨림만큼은 아직도 생생하게 기억합니다.

디자이너는 디자인으로만 자신의 센스(감각)를 검증 받는 게 아니랍니다. 디자이너 자신이 입고 다니는 의상은 물론이요, 대리점주를 만나는 품평회장, 간이 패션쇼의 연출, 제출하는 보고서에도 디자이너가 지닌 감성적인 감각과 이성적인 감각이 모두 드러나게 마련입니다. 신

센스 있는 다과는
어떻게 차려야 하는 거지?

입 디자이너는 어떨까요? 자신의 감각을 아직 검증 받지 못한 시기이므로 스스로에 대한 회의와 고민으로 가득할 수밖에 없습니다. 디자인 실력에 대해서도 마찬가지고요. 험난한 관문을 거쳐 디자이너가 되었는데도 선 하나 긋는 간단한 일에서조차 떨게 되지요. 하지만 걱정 마세요. 그런 과정을 거쳐야만 경력 있는 디자이너로 성장하게 될 테니까요. 꽤 오래된 기억임에도 '나의 센스를 검증 받을 때'가 닥치면, 저는 여전히 제과점에서 과자를 고르던 그 순간으로 되돌아가곤 합니다.

위기의 3·3·3을 극복하라

신입 디자이너들은 본격적인 업무에 들어가기 전, 회사 업무 전반에 대한 교육을 받게 됩니다. 먼저 전체 신입 사원 교육을 받고 이어 각 부서로 배속되어 각자 역할에 맞는 교육을 다시 받게 되지요. 이즈음 각 부서에 있는 경력 사원들은 각자의 기본 업무 외에 신입 사원들의 교육을 맡게 되어 무척 분주해집니다.

디자이너가 되면 처음에는 경력 디자이너인 선배가 시키는 일을 주로 하게 되는데요. 처음 디자인실에 들어가면 주로 위에서 시키는 일을 하게 되므로 기다리는 시간이 많아집니다. 다들 바쁜 와중에 하는 일 없이 기다리노라면 별의별 생각이 다 들게 마련이죠. "나는 뭐 하는 사람인가?", "나는 무엇을 해야 하나?", "이렇게 마냥 기다리고 있어야 하는가?", "이러려고 회사 들어온 건가?" 등등 말입니다.

거피 심부름을 할 때도 있고, 디자이너의 업무와는 별로 상관없어 보이는 서류 정리로 하루를 보낼 때도 많지요. 서류는 왜 그렇게 많고 정리 기준은 또 얼마나 다양한지 연도 별로 정리하고, 월별로 정리하고, 일자 별로 정리하고… 끝이 없어 보입니다. "내가 서류 정리하러 디자이너가 되었나? 이러다 옷 구경도 못 하고 끝나는 건 아닐까?" 하면서 회의에 빠질 무렵, 다른 업무가 주어집니다.

이번에는 하루 종일 원단을 자르라고 합니다. 3cm×4cm 규격에 맞춰서요. 그런가 하면 또 다른 어느 날은 패턴실로 샘플실로 뛰어다니며 선배 디자이너들의 심부름을 하느라 바쁩니다. 그것도 별로 중요해 보이지는 않습니다. 원단을 여기 저기 나르고, 패턴 봉투를 찾고, 수량이 부족한 지퍼나 단추를 갖다 주는 심부름이 주를 이루니까요. 난처한 일도 있습니다. 디자인실에서 받는 전화는 대개 알아듣지 못할 내용들뿐입니다. 눈치껏 전화의 주인을 잘 찾아내 연결해줘야 합니다. 그러나 가장 힘든 때는 뭐니 뭐니 해도 하는 일 없이 그냥 앉아 있을 때입니다. 저도 그랬거든요.

그런데 참 이상하지요? 일을 그만두고 싶어지는 처음 3일을 견디고 나면, 꽤 견딜만 합니다. 어떤 일이라도 시켜주기만 하면 열심히 하겠다고 다짐한 탓인지 스스로 자기가 하는 일에 의미를 부여하면서 주어진 일을 열심히 합니다. 그러나 디자인실의 업무가 어떤 순서로 이루어지는지를 알게 될 무렵, 즉 3개월이 지나면 다시 일이 힘들어집니다.

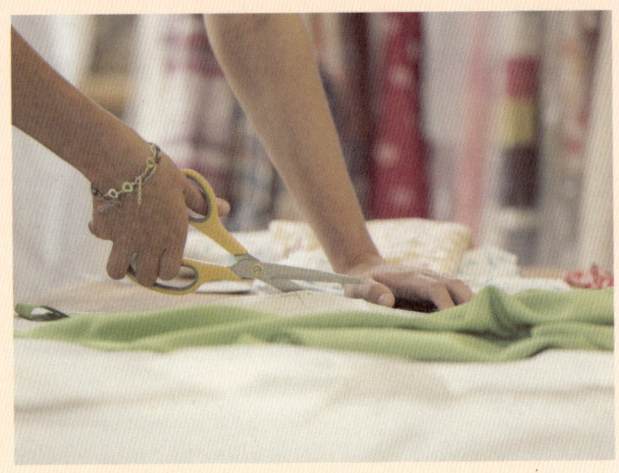

하루 종일 원단 자르기(위),
옷본이 주렁주렁 달린 옷걸이 운반(가운데),
부자재 찾아오기(아래) 등은
주로 신입 디자이너의 몫이지요.

"이런 시시한 일이나 하려고 디자이너가 되고 싶었던 건 아닌데…" 회의가 밀려오기 시작하지요. 내일 아침 일어나 직장에 가야 하는지, 가지 말아야 하는지 또 다시 고민하게 됩니다.

그 즈음 어떻게 내 마음을 알았는지 실장님이 드디어(!) 간단한 디자인 업무를 시킵니다. 긴장 반 설렘 반… 샘플 지시서를 고치고 또 고쳐서 떨리는 마음으로 가져갑니다. 그 순간이 여러분을 디자인실의 디자이너로 인정받게 하는 첫 순간이지요. 흔히들 '위기의 3·3·3'이라는 말을 하는데요. 그것은 바로 "입사 후 3일, 3개월, 3년"을 가리키는 표현이랍니다. 그만두고 싶어지는 위기의 순간을 이르는 말이지요. 이 시기를 거치며 참고 참으면 여러분은 비로소 자신을 책임질 수 있는 어른이 됩니다. '위기의 3·3·3'은 바로 그 순간을 위한 기다림의 시간이지요.

신입 디자이너를 거치고, 또 '위기의 3·3·3'을 거쳐 경력 디자이너가 되어 보니 시키는 일이 별로 없었던 3일 동안 다들 나(신입 디자이너)를 지켜보고 있었다는 것을 알게 되더군요. 3개월간 나(신입 디자이너)에게 맞는 어떤 일을 시킬 것인가 다들 생각하고 있었던 것입니다. 가장 외면 받고 있다고 생각했던 때가 실은 가장 주목 받던 때였다니! 정말 아이러니하지요.

단순 업무를 하는 신입 디자이너를 보면 저마다 다른 특성을 갖고

있다는 것을 알게 됩니다. 단순한 업무인데도 일을 진행하면서 요점을
잘 잡아내는 친구가 있는가 하면, 툭 하면 삼천포로 빠지는 친구도 있
고, 항상 여기저기에 관심이 많아 시키지 않은 일도 찾아서 하는 친구
도 있습니다.

신입 시절은 업무에 능숙하지 않아서 실수를 많이 하는 시기이지
만, 거꾸로 누구에게나 이해 받고 용서 받을 수 있는 황금 같은 시기
이기도 합니다. 실수를 많이 할수록 정말 실력을 발휘하게 되었을 때
큰 실수를 줄일 수 있으므로 여러분도 실수를 두려워하지 말아요. 이
시기를 견디는 팁이기도 합니다. '위기의 3·3·3'을 견뎌야 진정한 디자
이너로 거듭날 수 있습니다.

밝은 인사로 기억에 남는 사람 되기

첫 출근 후 3개월이 지나 보통 3년까지는 디자인실의 잡무와 단순한
디자인을 병행하게 됩니다. 디자인실에서 가장 일찍 출근하고 가장 늦
게 퇴근하는 사람이 되지요. 디자인실 야식 메뉴 챙기기 등의 잡다한
일부터 업체 상담에 이르기까지 디자인 실에서 없어서는 안 되는 중요
한 사람으로 성장하는 시기입니다. 야식 주문하는 일 하러 디자이너
가 되지 않았다는 분들도 계시겠지만, 누군가는 해야 하는 일이고 또
그 일을 내가 해야 한다면 누구보다 잘 하겠다고 마음먹는 분들도 있
답니다. 경력 디자이너가 자신의 업무와 능력으로 인정받는 시기라면

신입 디자이너(막내 디자이너)는 성실함으로 인정받는 시기입니다. 이제 막 업무를 배워가는 시기인 만큼 전문적인 일을 시작하는 태도와 자세를 배우는 것은 매우 중요합니다.

처음 입사하면 각 부서의 많은 사람들에게 본인을 소개하게 됩니다. 생전 처음 듣는 부서 이름도 있고, 처음 듣는 직함도 있고, 기억해야 할 사람들의 얼굴과 이름도 많습니다. 이것들을 일일이 기억하기란 생각처럼 쉬운 일이 아니랍니다. 때로는 부서와 직함이 뒤섞이는 실수도 저지르게 됩니다. 하지만 상대방 입장에서는 갓 들어온 신입 사원의 얼굴과 이름을 기억하는 게 그리 어려운 일이 아니지요. 나는 그들을 몰라도 그들은 나를 아는 상황인 것이죠. 여러분이라면 어떻게 하실 건가요? 팁을 드릴게요. 첫째, 모든 사람의 얼굴과 이름을 빨리 기억하는 게 최선입니다. 둘째, 모르는 사람에겐 무조건 인사하세요. 상대방에게 자신을 좋은 인상으로 기억하게 해주는 가장 좋은 방법입니다.

디자인을 시작하기 전, 디자이너들은 대개 여러 군데 관련 업체와 상담을 하게 됩니다. 주로 옷에 들어가는 부자재 업체와 상담을 시작하게 되는데요, 이것은 부자재에 대해 자세하게 알아가는 매우 중요한 과정이기도 합니다. 부자재 업체들은 주로 소규모이기 때문에 사장님들이 직접 영업을 나오십니다. 막내 디자이너로서 사회 생활을 하게 되었는데 하필 처음 만나는 외부인이 초로의 사장님이라니! 어찌 대해야 할지 상당히 당황스러울 거예요. 하지만 디자이너도 다른 직업인과 같습니다. 창의성이 강조되는 특수성을 가진 직업인인 동시에 일반 사회인들이 지켜야 하는 예의범절을 지닌 직업인이어야 한다는 뜻입니다. 패션 디자이너에게도 성실함과 예의는 중요합니다. 여러분이 만나는 모든 사람에게는 분명 배울 점이 한두 가지 있을 거예요. 그렇게 생각하고 사람을 대한다면 여러분도 언젠가 "저 사람한테선 배울 게 아주 많아!"라고 칭찬을 듣는 멋진 사람이 되어 있을 것입니다.

정확하게 이해하고, 빠짐없이 전달하라

신입 디자이너 때에는 상사의 지시를 다른 사람에게 전달하는 게 주요 업무 중 하나입니다. 한마디로 여러분이 다른 부서에 중요한 내용을 전달하는 입과 발이 되어야 한다는 뜻이지요. 말 한마디가 잘못 옮겨지면 결과가 크게 달라지므로 조심 또 조심해서 지시 사항을 전달해야 합니다. 사고의 대부분은 의사소통 실수로 일어나게 마련이거든요.

디자인실 안에서의 의사소통 능력은 모든 사람에게 공통으로 요구되는 기본 소양입니다. 그럼에도 불구하고 신입 디자이너에게 특히 의사소통 능력을 강조하는 데엔 이유가 있습니다. 신입 사원들은 대개 회사나 팀의 분위기 파악에 서투릅니다. 그러므로 어떤 일이 주어지면 먼저 본인이 그 내용을 정확하게 이해하고 있는지 일을 시킨 사람에게 물어보고 확인하세요. 그래야만 오해나 착각으로 빚어지는 실수가 줄어듭니다. 디자이너처럼 창의적인 사람들과 의사소통을 하려면 처음엔 약간 애를 먹기도 합니다. 직업 특성상 혼자만의 생각에 골몰하는 경우가 많기에 어떤 내용을 전달하다 보면 상대방이 자의적으로 해석하는 경우도 왕왕 벌어집니다. 그럴 때는 당황하거나 "나를 무시하는 건가?" 하고 오해하지 말고 다시 한 번 전달 내용을 정확하게 말하세요. 노트하는 습관과 내용을 확인하는 습관이 필요한 이유입니다. 의사소통 능력은 훈련으로 업그레이드시킬 수 있다는 점, 꼭 기억하세요.

신입 디자이너가 디자인실에서 일어나고 있는 업무 전반을 완벽하게 이해하는 것은 사실 무리입니다. 하지만 어떠한 노력을 통해서든 팀 안에서 이루어지고 있는 일을 잘 이해하도록 노력하세요. 그래야만 정확한 의사 전달과 업무 조정이 가능해집니다. 특히 신입 디자이너는 자신의 고유 디자인보다는 디자인실 전체 디자인의 보조 역할을 하기 때문에 디자인실 업무 전체를 잘 알고 있지 않으면 일이 뒤죽박죽 되기 쉽습니다. 예를 들어, 앞으로 디자인해야 할 것, 현재 디자인하고 있는 것, 이미 디자인이 완료된 것 등을 정확히 파악하고 있어야 그 다음 스케줄을 정할 수 있겠지요? 그러므로 초보 디자이너는 순서에 따라 일이 진행되는지, 제대로 진행되고 있는지 항상 체크하여 변동 사항이 생길 때엔 곧바로 보고하고 적절한 조치를 취하도록 해야 하겠습니다.

업무 진행을 하면서 좌충우돌 얻은 지식들은 그야말로 살아 있는 지식입니다. 책에서는 결코 배울 수 없는 소중한 것들이죠. 그러므로 디자인실 외 부서 간의 관계를 이해하고, 무엇을 어떻게 진행시켜야 하는지 하나하나 배워가는 과정은 정말 중요합니다. 이런 과정을 제대로 거쳐야만 훗날 여러분이 자신의 디자인을 한 벌의 옷으로 탄생시킬 때 실수하지 않게 되거든요.

   예를 들어 여러분이 초보 딱지를 떼고 드디어 디자인 실무를 하게 되었다고 상상해보세요. 이때 디자인을 하고 그림을 그려 작업 지시서를 작성하는 일, 또 원단을 고르고 부자재를 선택하는 일은 여러분이

봉제공장 내부입니다.

직접 하겠지만, 그림을 실물로 나타내기 위해서 패턴을 만들고 봉제를 하는 일은 다른 사람이 맡게 됩니다. 그때 디자인에 맞게 패턴을 잘 만들 수 있도록 의사를 전달하고, 또 내가 표현하고자 하는 옷의 완성 상태가 어떠한가를 자세하게 설명하여 봉제가 원하는 모습으로 나오도록 다른 부서 사람들과 협력해야 합니다. 그러므로 신입 시절에 타 부서의 업무를 이해하고 협력하는 방법을 배우는 것은 정말 중요한 일이지요.

신입 디자이너들이 어려움을 하소연하는 것 중 하나가 용어 문제입니다. 패턴실과 봉제실, 그리고 실제 산업 현장에서 일하는 분들은 아직도 일어나 영어를 일본식으로 발음합니다. 전부는 아니지만 대다수 단어에 일본식 표현이 남아 있어서 초보 디자이너들은 알아듣기가 매우 어렵지요. 상대방과 마주보고 이야기를 하고 있지만, 어떤 때에는 자신이 제대로 알아들었는지 확신하지 못해 불안해지기도 합니다. 저도 그랬어요. "우아 마이, 우라까이, 고인치, 나나인치, 큐큐, 간지, 시야기, 기지, 가다, 반 우라…" 처음 들어보는 단어들이지만 단어의 뜻을 모르니 알려달라는 말이 쉽게 입 밖으로 나오지않았습니다. 왠지 신입 디자이너 티를 내는 것 같아 고민하던 중 친해진 봉제 팀 언니에게 넌즈시 물어보았죠. 그랬더니 웃으며 알려주더라고요. 짐작으로, 또는 눈치껏 알아 듣는 척하는 것만큼 여러분에게 손해가 되는 일은 없습니다. 막내의 특권을 무기 삼아 마구 물어보세요.

학교에서 배우는 용어들은 대부분 영어로 된 것이었습니다. 단위 또한 센티미터(㎝)를 썼고요. 하지만 실제 공장이나 산업 현장에서는 인치(inch)를 많이 사용합니다. 대기업에서는 수출입 업무 및 여러 가지 도량형 표준화 작업 덕분에 단위가 센티미터로 바뀌고 있지만 아직도 규모가 작거나 일반적인 현장에서는 대부분 인치를 사용합니다. 용어도 마찬가지예요. 일본식 표현이 많이 사라지기는 했지만 아직도 산업 현장에서 자주 쓰이는 용어들은 일본어가 많아요. 옷의 봉제에 관해 설명하고 서로 의사소통을 할 때 무슨 내용인지 쉽게 이해하려면 기본적인 일본식 용어 표현 정도는 알아두는 게 좋겠습니다. 그러면 보다 쉽게 타 부서와 이야기가 통하겠지요? 그런 의미에서 일본식 봉제 용어를 함께 살펴보겠습니다.

일본식 봉제 용어

▶ **간도메** – 기계를 이용하여 뜯어지지 않도록 여러 번 박는 것

▶ **간지**(모양) – 느낌, 모양, 태

▶ **깡**(buckle) – 고리, 버클 쇠 장식

▶ **갱에리**(picked lapel) – 뾰족한 테일러드 칼라 모양

▶ **게싱**(모(毛)심) – 양복의 칼라, 심 등으로 이용되는 심지

▶ **고다찌**(정밀 재단) – 가위 손질, 정밀 재단

▶ **고로시**(형태 잡기) – 자리 잡음, 형태 잡기, 중간 다림질, 봉제 후 시접이 많이 남은 것을 잘라주는 것

▶ **나나인찌**(일자 단춧구멍) – 드레스, 셔츠의 단춧구멍처럼 일자형으로 뚫은 단춧구멍

▶ **나오시**(수선) – 옷을 바로 잡거나 고치는 일

▶ **나라시**(연단, 고루 펴기) – 천을 재단하기 위하여 여러 겹으로 펼쳐놓는 일

▶ **낫찌**(notch) – 모양을 맞추기 위하여 표시한 가윗집, 맞춤표시

▶ **네지끼** – 바지주름 줄 세우기

▶ **노바시**(늘이기) – 봉제로 줄이지 않고 다리미나 프레스로 옷감을 늘이거나 줄여서 입체적으로 변화시키는 것

▶ **다데**(vertical) – 옆 솔기, 날실, 세로 방향

111

▶ **다데 테이프**(세로 테이프) - 재킷의 칼라 부분이나 어깨 등에 옷감이 바이어스 방향으로 늘어나지 않도록 부착하는 테이프

▶ **다이마루**(환편 직물)

▶ **단작**(덧단) - 셔츠 류의 앞에 덧대어 단춧구멍과 단추를 달게 하는 곳, 트임에 덧붙이는 단

▶ **다후다**(taffeta) - 경사보다 굵은 위사를 사용하여 굵은 이랑이 보이는 부드럽고 광택이 있는 직물

▶ **데끼 패턴**(완성선 패턴) - 시접이 없는 패턴

▶ **뎅고** - 바지 지퍼 안쪽에 단을 덧대어 실루엣을 보정하는 것

▶ **도메** - 끝, 매듭

▶ **랍빠**(wrapper) - 지저분한 원단 처리를 원단으로 감싸는 것

▶ **마이깡** - 후크

▶ **마쿠라**(sleeve heading) - 소매산 부근에 생긴 빈 공간을 채워주는 천

▶ **미까시**(안단) - 길의 안단, 목둘레, 소매둘레 따위의 안쪽을 뒤처리 할 때 쓰이는 천

▶ **미쓰마끼** - 실이 보이지 않게 원단이 말리면서 박음질되는 봉제법

▶ **반우라** - 반 안감

▶ **비리** - 꼬이는 주름

▶ **비죠** - 조름 단, 버클, 혁대 고리

▶ **보카시** - 여러 가지 색의 실이 섞여 짜여진 편물

▶ **사이바** - 절개선 옆길

▶ **사가리** - 숙은 어깨

- **사까** – 반대 방향으로 흐르는 결
- **스와리**(sitting) – 본새, 태, 주글주글한 주름으로 우는 모양
- **스쿠이**(기계단) – 헝겊의 시접을 접어서 맞대어 바늘을 양쪽 시접에서 번갈아 넣어 실 땀이 겉으로 나오지 않도록 꿰매는 바느질
- **시다마이** – 안자락, 안섶
- **시루시**(표시, 기호) – 재단 시 봉제를 효율적으로 하기 위하여 초크 등으로 중요 부분을 표시하는 것
- **시리** – 엉덩이
- **시마** – 줄무늬
- **시보리** – 니트로 짜서 소매 부리, 칼라, 목선 등에 사용하는 고무단
- **시아게**(끝손질, 마무리) – 제사 처리, 다림질, 포장 등등의 과정
- **시와**(봉제 울음) – 원단이 제직 불량 또는 원단 늘이는 불량으로 자국이 있는 것
- **아나이도** – 단춧구멍 실, 스티치 봉제하는 두꺼운 실
- **아다리**(자국, 두드러짐) – 프레스 또는 다리미 작업 시 눌려서 안의 모양이 겉으로 드러나는 모양
- **에리**(collar) – 옷깃
- **에리고시** – 뒷칼라 높이
- **오비**(허리단) – 바지, 스커트 등의 허리 부분의 단
- **와끼**(옆) – 옆 솔기
- **이세**(ease) – 여유분
- **우라** – 안감

▶ 우아마이 - 겉자락

▶ 우아에리 - 윗칼라

▶ 지누시(올 바로잡기) - 재단하기 전에 비뚤어진 올이나 구겨진 천을 증기 다리미로 펴는 일

▶ 지누이(초벌 박기) - 봉제 전 형태의 안정성을 위해 미리 완성선을 맞추어 봉제하는 작업

▶ 지도리(새발뜨기) - 접은 단을 고정시키기 위해 지그재그 형태로 봉제하는 방법

▶ 지누이도 - 본봉실

▶ 지에리 - 안깃

▶ 진다이(body) - 인체 모양을 본떠서 제작한 것

▶ 찐빠(차이, 짝짝이) - 대칭되어야 할 부분이 비대칭되어 차이가 나는 것

▶ 카부라(cuffs) - 손목이나 바지 접은 단

▶ 쿠사리 - 실 고리

▶ 큐큐(단춧구멍) - 오버코트의 단춧구멍처럼 한 쪽 끝이 일자형으로 막혀 있는 단춧구멍

▶ 헤리 - 가장자리, 바이어스

▶ 혼솔지퍼(conceal zipper) - 맞물리는 금속 부분이 보이지 않는 지퍼

▶ 하도메(eyelet) - 작은 구멍 장식 마무리하는 금속장식

▶ 헤라시(코 줄임) - 편물에서 소매나 진동둘레 부분의 콧수를 줄여가는 것

▶ 호시(숨은 상침) - 바느질 자국만 나게 손으로 바느질하는 것

▸ **후다포켓**(flap pocket) - 뚜껑 있는 주머니 •——

▸ **하꼬포켓** - 홀 입술 주머니, 상자 주머니 •

▸ **하메다시** - 칼라 끝, 암홀 등에 줄을 넣고 박는 것

▸ **히까리**(빛) - 다림질 시에 자국이 남아 번들거리는 것

발품을 팔아라

품평회가 얼마 남지 않았습니다. 모두들 바쁜 상황인데 준비되었어야 할 부자재가 빠졌군요. 디자이너 A씨는 동대문 시장으로 바로 뛰어나갑니다. 업체에 부탁해서 건네 받을 수도 있지만 시간이 지체되거나 원하던 물건과 달랐던 경우를 경험했기 때문에 직접 시장으로 나선 것이죠. 신입 디자이너 시절에 발품을 많이 팔아놓았기 때문에 그는 신속하게 길을 찾아 원하던 것을 구해서 디자인실로 다시 돌아옵니다. 신입 시절의 경험이 없었다면 이처럼 똑똑한 해결사 노릇을 하기 힘들었겠지요?

신입 디자이너 시절 주요 업무 중 하나가 바로 원단 시장과 부자재 시장을 돌아보는 일입니다. 원단 시장을 돌면서 자신의 브랜드에 필요한 스와치*를 모아오기도 하고 레이스나 옷에 들어가는 각종 장식물을 샘플링*해오기도 합니다. 처음에는 시장 안 길을 몰라서 헤매기도 하고, 엉뚱한 것을 수거해 와서 선배 디자이너에게 핀잔을 얻기도 하지요. 하지만 실수는 점차 줄어들고, 시장 안을 헤매는 시간도 점점 줄어들게 마련입니다.

*스와치(swatch) : 원단을 잘라서 조각으로 만들어놓은 묶음.
*샘플링(sampling) : 제작 중인 옷에 들어갈 부자재 가운데 어울릴 만한 것들의 견본을 모아오는 일.

여러 종류의 스와치입니다.

옷의 분위기에 따라 사용할 수 있는
레이스 장식이에요.

    디자이너는 이렇게 얻은 다양한 경험을 통해서 다양한 아이디어를 얻게 됩니다. 단추를 통해 아이디어를 얻기도 하고, 새로 나온 장신구를 통해 아이디어를 얻기도 합니다. 아이디어가 새로운 아이디어를 낳고, 또 그 아이디어로 인해 또 다른 아이디어를 얻기도 하지요. 또 그 아이디어를 실제로 디자인으로 옮겨 옷을 만들어보고서 상상과 다른 결과물이 나와 실망하기도 합니다. 반면 뜻하지 않은 아이디어 덕분에 처음 생각보다 훌륭한 디자인의 옷을 만들어내기도 하지요. 여러분, 신입 시절엔 가능한 한 경험을 많이 하세요. 가리지 말고, 따지지도 말

시장에 전시되어 있는 원단들입니다.
샘플용으로 전시해놓은 것들이
대부분이지요.

시장에서 판매 중인 단추들입니다.
세상에! 보물 상자가 따로 없군요.

고요. 다양한 경험만이 디자이너 개인의 보물창고를 채울 수 있는 길
입니다. 그러니까 좀 귀찮고 힘든 일이 있더라도 "내 보물창고를 채우
는 일이다"라고 생각하고 즐겁게 해보세요.

노력한 만큼 자란다
경력 디자이너

개성 있는 디자인으로 승부하라

드디어 '제대로' 디자인을 시작하게 되었습니다. 경력 디자이너가 되면 일반적으로 다음과 같은 업무 단계를 거쳐 경험과 실력을 쌓습니다. 디자인 업무의 시작은 대개 이너* 의류 디자인입니다. 이너 상품은 실루엣*보다 개별 상품의 아이디어가 중요한 의류이므로 경력이 짧은 디자이너도 무리 없이 작업할 수 있거든요. 여기서 숙련되면 그 다음으로 하의류를 디자인하게 되는데요, 그중 바지는 피팅감(실루엣)을 잘 잡을 수 있을 만큼 경력이 되어야 디자인을 맡을 수 있습니다. 가장 마지막에 하는 작업은 아우터* 디자인입니다. 아우터는 판매 금액이 커서 중요한 아이템으로 생각하는 브랜드가 많기 때문에 주로 경력자들이 디자인을 맡습니다. 니트*는 소재와 작업 특성 때문에 니트만 전문으로 담당하는 디자이너가 따로 있습니다.

*이너(inner) : 티셔츠, 셔츠, 블라우스 등 겉옷 안에 입는 옷.

*실루엣(silhouette) : 옷을 입었을 때의 전체적인 외형으로 라인(line), 룩(look)과 같은 의미로 쓰인다.

*아우터(outer) : 쟈켓, 코트, 점퍼 등 겉에 입는 옷을 모두 이른다.

*니트(knit) : 뜨개질로 만든 옷. 편직물이라고도 한다.

한 가지 알아둘 점은 디자인 작업을 할 때는 반드시 아이템 간의 코디네이션(coordination)에 신경을 써야 한다는 것입니다. 개별 아이템도 중요하지만 각각의 옷이 회사에서 생산되는 다른 아이템과 어떻게 조화를 이룰지 전체적인 윤곽을 잡는 게 더 중요하다는 뜻이지요. 만일 여러분이 고심 끝에 그 누구도 상상하지 못한 멋진 재킷을 디자인했다고 합시다. 그런데 회사에서 출시되는 다른 아이템의 디자인을 살펴보니 함께 코디네이션할 만한 게 없습니다. 아무리 멋지다고 한들 쇼룸에 전시할 때 마네킹에 재킷 하나만 덜렁 입혀놓을 수는 없잖아요? 그러므로 디자이너는 각 아이템 간의 조화를 살피고 코디네이션을 함께 제안하는 능력을 갖추어야 합니다.

일단 목표 상품의 디자인이 시작되면 경력이 몇 년 차인가를 떠나 디자이너들 모두 본인의 디자인을 제출하게 됩니다. 그리고 나서 정당한 경쟁과 품평을 통해 상품으로 만들 디자인을 결정하고, 여기서 선택된 디자인만이 비로소 옷으로 태어납니다. 디자인실의 동료나 선배들이 협력자인 동시에 선의의 경쟁자가 되는 순간이지요. 디자인실 내의 경쟁은 매우 치열합니다. 회사 안은 물론, 다른 회사 브랜드의 디자이너, 그리고 더 나아가 해외 디자이너에 이르기까지 실로 무한 경쟁이 벌어지는 셈이니까요. 센스 있는 코디네이션 제안은 이처럼 치열한 경쟁에서 살아남게 해주는 무기가 됩니다. 이것이 바로 경쟁력이지요.

수많은 디자인 중에서 '특별한 어떤 디자인'이 선택되어 옷으로 제작되는 비결은 무엇일까요? 정답은 '디자이너 자신의 아이덴티티(identity)'*에 있습니다. 아이덴티티란 어떤 사람, 혹은 사물이 가지는 고유한 특성을 뜻하는데요, 디자이너에게는 자신의 사고와 개성을 잘 반영하는 독창성이 무엇보다 중요합니다. TV에 나오는 연예인들이 자신만의 고유한 이미지를 만들어 시청자나 제작자들에게 어필하려고 노력하는 것과 같습니다. 패션 디자이너도 마찬가지예요.

같은 블라우스를 디자인하더라도 어떤 디자이너는 여성스럽고 로맨틱한 디자인을 제안하는가 하면, 어떤 디자이너는 심플하고 세련된 디자인을 제안합니다. 장식을 강조하는 디자이너도 있을 것이고, 실용성을 강조하는 디자이너도 있을 테지요. 그 무엇이 되었든 다른 디자이너의 작업과 차별성을 갖기 위해서는 디자이너 자신의 독창적인 성향을 잘 드러내는 결과물을 내놓아야 합니다. 하지만 독창적이기만 하고 입어줄 사람이 좋아하지 않을 디자인은 소비자에게 외면 당하기 쉽다는 것도 꼭 기억하세요. 디자인 능력과 더불어 자신이 옷을 입히고자 하는 상대방의 기호를 정확하게 파악하는 것이 필수인 이유입니다.

다시, 연예인 이야기로 돌아가볼까요? 자신의 고유한 아이덴티티를 만드는 데 성공한 연예인들이 그 다음으로 고민하는 것이 무엇일까요? 그것은 바로…. 예, 그렇습니다. 새로운 이미지를 만드는 것입니다.

블라우스마다 이것을 디자인한 디자이너의 개성이 엿보이지 않나요?

한 가지 이미지로 각인될까 봐 자청하여 망가지는(?) 배우들, 시즌마다 새로운 분위기의 앨범을 내어놓는 가수들의 노력만 봐도 알 수 있지요. 디자이너도 똑같아요. 그들 역시 새로운 해의 새로운 시즌마다 새로운 디자인을 하게 되거든요. "자신의 독창성을 유지하되 어떻게 하면 새롭게 디자인할 수 있을 것인가?" 이것이 바로 디자이너의 영원한 숙제입니다.

디자이너의 역사 만들기

패션 브랜드는 자신의 소비자가 원하는 물건을 만들어내고, 또 브랜드가 주장하는 옷을 소비자에게 입히는 과정을 거치면서 소비자와 공급자 서로에게 영향을 끼치게 됩니다. 회사에서는 먼저 소비자의 기호를 파악하여 새로운 패션 브랜드를 만들거나 비어 있는 틈새 시장을 찾아 소비자에게 새로운 패션 스타일을 제안하기도 합니다. 디자이너가 자신이 주인이 되는 개인 브랜드에서 일을 하든, 회사에 소속되어 디자인을 하든, 그가 만든 브랜드가 곧 디자이너 자신을 대표하는 얼굴이 됩니다. 다시 말해 어떤 브랜드에서 어떤 옷을 디자인하는지가 곧 자신의 이력이라는 뜻입니다. 그러므로 디자이너라는 직업을 놓지 않는 한 어느 회사에서 어떤 브랜드를 맡아 어떻게 디자인했는지가 자신의 역사가 된다는 점을 기억하세요.

디자이너로서 업무를 시작하게 되는 맨 처음 순간, 디자이너들 앞에는 많은 갈래길이 펼쳐집니다. 숙녀복, 유니섹스 캐주얼*, 신사복, 스포츠웨어, 아웃도어*, 아동복, 속옷, 유니폼, 한복 등 선택 가능한 길이 많지요. 여기서 한 분야를 선택하게 되면 거기서 다시 몇 갈래 지방

도로 급의 길을 만나게 됩니다. 예를 들어 여러분이 "나는 숙녀복 디자이너가 될 테야"라고 마음먹었다면 두 번째 단계에서는 정장 위주의 숙녀복을 만들 것인가, 캐주얼한 숙녀복을 만들 것인가 등을 선택해야 하죠. 그러고 나서 옷을 입히고 싶은 연령대를 생각합니다. 여기서 끝이냐고요? 아닙니다. 고민하고 결정할 사항이 더 있어요. 바로 분위기 별로 다양한 브랜드 군을 나누고 특정 브랜드의 옷을 입힐 소비자를 설정하는 것입니다. 전문 용어로 '타깃* 설정'이라고 하는데요, 이 과정은 시장 개척을 위한 '타깃 마케팅'*의 핵심이 됩니다.

*유니섹스 캐주얼(unisex casual) : 남녀 모두 일상에서 편하게 입을 수 있는 의상. 원래 이 용어는 1956년에 출간된 『미국의 성혁명』이라는 책에서 언급된 것인데 이후 사회 문화 전반에 큰 영향을 주면서 패션계에도 파급되었다.

*아웃도어(outdoor) : 산이나 강을 탐사할 때 입었던 마운틴 파카나 야외 스포츠를 즐길 때 입는 스포츠 의류에서 아이디어를 얻어 일상에 끌어들인 활동적인 패션 의류를 이른다. 자연 친화적이고 소박한 생활을 지향하는 현대인의 라이프스타일과 어울리므로 크게 각광을 받고 있다.

*타깃(target) : '목표·표적'이라는 뜻으로 기업이 소비를 유도하려고 목표로 삼은 소비자·지역·계층 등을 가리킨다.

*타깃 마케팅(target marketing) : 소비의 표적을 확실하게 설정하여 마케팅을 하는 일.

스타일이 매우 다양하네요.
여러분은 어떤 스타일을 좋아하나요?

여러분이 일하는 브랜드는 곧 여러분 자신입니다. 그러므로 "나는 어떤 이력을 쌓을까?"와 같은 고민은 "어떤 브랜드를 맡아서 일할까?" 하는 고민과 늘 함께해야 합니다. 브랜드 디자인과 관리가 바로 여러분 자신의 이력을 디자인하고 관리하는 일이라는 것, 잘 아셨죠? 그러면 각 브랜드를 어떻게 분류하는지 잠시 알아보고 가겠습니다. 함께 오른쪽 표를 살펴볼까요?

이 표는 백화점에 입점한 패션 디자인 브랜드 위주로 분류한 것입니다. 이외에도 디자이너 브랜드와 수입 브랜드, SPA* 브랜드 등 여러 분야의 브랜드가 있어요. 이 브랜드들을 실제로 매장에서 확인한 후에 어떤 분위기의 브랜드가 자신에게 맞는지 생각해본다면 여러분의 이력을 만들어가는 데 큰 도움이 될 것입니다. 또 이러한 과정을 통해 비어 있는 시장을 발견한다면 신규 브랜드를 만들어내는 좋은 기회를 얻을 수 있겠지요. 무엇보다 중요한 것은 시장 전체를 알고 난 뒤 나의 위치를 파악하는 것입니다. "지피지기면 백전백승"이라고 했으니까요.

*SPA : 생산자와 판매자가 동일한, 대형 매장 위주의 브랜드. 예를 들어 ZARA, H&M, SPAO, TOP10 등의 브랜드를 일컫는다.

	연령	성향	브랜드 예시
여성복	영	캐주얼(일상적으로 입을 수 있는)	이엔씨, 온앤온, 쿠아
		캐릭터(특징적인)	보브, 시스템
	non-age	캐릭터(특징적인)	구호, 데무
		커리어(차려 입는)	크레송, 데코
		트레디셔널(전통적인)	키이스, BCBG, 닥스
	어덜트	니트	
		볼륨(누구나 입을 수 있는)	샤트렌, 지센
진/유니섹스		트레디셔널 캐주얼	빈폴, 라코스테, 헤지스
		진 캐주얼	리바이스, 게스
		스포츠 캐주얼	MLB, 카파
		이지 캐주얼(편하게 입을 수 있는)	코데즈 컴바인, 테이트
남성복		정장(차려 입는)	갤럭시, 로가디스, 파크랜드
		캐릭터 캐주얼(특징적인)	다반, 인터메조
스포츠		등산/캠핑	노스페이스, 콜롬비아, K2
		골프	핑, 슈페리어
		스포츠	나이키, 아디다스
유아/아동복	유아		
	아동	걸리시(소녀스러운)	티파니
		트레디셔널(전통적인)	블루독
		캐주얼, 컬러풀	캔키즈
	주니어	스포티브, 이지캐주얼	에어워크, 뱅뱅
		캐릭터(상징적인 인물이나 문양)	팬콧
		여성스러운	로엠걸즈
언더웨어		베이직(기본적인)	쌍방울, 트라이
		캐릭터(특징적인)	보디가드
유니폼			
한복			
기타			

자료는 나의 힘

여러분 주위에 있는 모든 것들이 곧 여러분이 디자인하는 자료가 됩니다. 자료를 많이 수집하여 가지고 있는 사람일수록 디자인을 잘할 수 있어요. 디자인하는 데 필요한 자료는 보통 '직접자료'와 '간접자료'로 분류합니다. 주변 사람들이 입고 다니는 옷, 길거리나 백화점 매장에 걸려 있는 옷, TV에 연예인들이 입고 나오는 옷, 잡지에 소개된 옷, 패션피플의 블로그 등에서 얻는 것은 직접적인 자료입니다. 반면 뉴스, 인터넷 정보, 인테리어 잡지, 유행 음악 등등 패션과 직접적인 관련이 적어 보이지만 문화의 경향과 흐름을 분석할 수 있게 해주는 정보들은 간접적인 자료에 속하지요.

자료 조사는 모든 디자인의 기본입니다. 패션 디자인에서도 그렇고요. 여러분의 옷을 입게 될 소비자가 진짜 원하는 것이 무엇인지를 아는 것, 그것이 바로 자료 조사의 시작입니다. 디자이너는 이렇게 취합한 자료를 기반으로 자신만의 독특한 개성을 입힌 디자인을 제안하는 사람이지요. 즉 대중성과 창의성을 적절히 조화시키는 것이야말로 디자이너의 역할이라고 하겠습니다. 사실 이것은 창의적인 일을 하는 모든 사람들의 과제이기도 합니다. 음악, 미술과 같은 순수예술부터 건축, 인테리어, 패션과 같은 응용예술에 이르기까지 작업하는 사람 혼자서 만족하기 위해 일하고 만드는 것이 아닌 만큼 각 분야마다 공급자와 수요자가 생기게 마련입니다. 수요자(소비자)를 만족시키는 새로운 패션 디자인을 제안하는 사람, 그가 바로 패션 디자이너입니다.

디자이너들은 까다로운 소비자들을 어떻게 만족시킬 수 있을까요? 소비자를 만족시키려면 무엇보다 소비자와 눈높이를 맞춰가는 작업을 해야 합니다. 지속적으로 말이지요. 예를 들어 여대생들을 주요 타깃으로 잡은 브랜드에서는 여자 대학생들의 착장 조사를 주기적으로 실시합니다. 착장 사진을 찍으며 그들의 공통 분모를 찾지요. 지역 별, 특성 별로 나누어 차이점을 찾기도 합니다. 또 직장여성을 주요 타깃으로 삼은 브랜드에서는 출퇴근 착장을 조사하기 위해 지하철 역으로 나가 출구에 서서 조사하기도 하고요. 자신의 브랜드에서 타깃으로 삼은 소비자들의 착장 조사 결과는 실제 디자인의 밑그림이 됩니다. 일단 이렇게 밑그림을 그린 후 그 위에 소비자에게 제안하는 새롭고 독특한 디자인을 없는 건 디자이너 각자의 역량이고요.

착장 조사와 더불어 시행되는 중요한 자료 조사가 있습니다. 바로 국내외 시장 조사입니다. 시장 조사는 해마다 시즌 별로 쏟아져나오는 해외 브랜드 컬렉션과 국내 경쟁사 브랜드 조사로 구분됩니다. 해외 컬렉션은 봄·여름(S/S), 가을·겨울(F/W) 컬렉션으로 나누어지는데요, 주로 파리(Paris), 밀라노(Milan), 뉴욕(New York), 런던(London) 등 4대 도시를 중심으로 전개됩니다. 트렌드를 반영하는 컬렉션의 디자인들은 그 시즌의 중요한 경향을 나타내는데, 이때 상품에 대한 수백 수천의 사진 자료들이 쏟아져나온답니다. 그리고 컬렉션을 통해 검증된 제품들은 해외 매장에 곧바로 걸리는 동시에 국내에서도 수입하여 판매되지요. 결국 여러분이 디자인한 브랜드와 경쟁을 하게 되는 것입니

여러분도 앞으로 이런 멋진
해외 컬렉션에 참가하게 됩니다.

다. 그러므로 국내 경쟁사의 브랜드뿐 아니라 해외 브랜드의 컬렉션을 항상 관찰하면서 자신이 몸 담고 일하는 브랜드와 어떤 공통점이 있는지, 또 차이점은 무엇인지를 계속 조사하는 것이 디자이너들에게 중요합니다.

해외 브랜드 조사는 주로 해외 출장을 통해 이루어집니다. 해외 출장은 경력 디자이너가 되면서 얻는 특혜이자 의무입니다. 저는 디자이너가 된 지 3년만에 처음으로 뉴욕으로 출장을 갔습니다. 매장이 문을 여는 시각부터 매장이 문을 닫는 시각까지 거의 10시간가량 햄버거만 먹고 걸어다녔던 게 기억납니다. 보통 해외 출장은 실장님과 디자이너 두 명, MD 한 명 정도가 한 팀을 이루어 떠나게 되는데요, 길이 익숙하지 않은 데다가 외국어도 능숙하지 않았던 터라 첫날은 어미 닭을 따르는 병아리 마냥 그저 일행을 쫓아다니기에 급급했습니다. 얼마나 긴장했던지 숙소에 도착하자마자 쓰러졌답니다.

다음 날에도 그 다음 날에도 강행군은 계속되었어요. 매장에서 옷을 자세히 뜯어보면서 지퍼나 단추, 옷의 소재를 파악하고, 마음에 드는 디자인이 있으면 디테일을 수첩에 그리기도 했지요. 사진도 수없이 찍었고요. 또 어떤 옷은 직접 입어보면서 피팅감을 익혔습니다. 어느 부분이 편한지, 어느 부분 때문에 불편한지 이모저모 따지면서 꼼꼼하게 체크하느라고 시간이 흐르는 것도 몰랐습니다. 덕분에 일행을 잃어버리고 눈앞이 캄캄해졌답니다. 90년대 초반이었기에 지금은 흔하디

흔한 휴대폰도 없었고, 지도 역시 지금과 달리 관광지 위주의 지도밖에 없던 터라 길을 찾기도 어려웠어요. 아무리 주위를 둘러봐도 한국인은 찾을 수 없었습니다. 게다가 가진 돈이라고는 10달러가 전부. 결국 저는 길가에 앉아 무작정 일행을 기다렸어요.

첫 출장을 나와 모든 것을 너무 열심히 하려다 지쳐버린 그 순간, 저는 정말 아무 생각도 나지 않더군요. 다리는 천근만근, 허리는 끊어질 것 같았고요. 길가에 멍하니 앉아 오가는 사람들을 바라보았습니다. 그때 나를 제외한 세상은 얼마나 평화롭던지요. 또 햇살은 얼마나 따사하던지요! 30여 분쯤 지났을까, 제가 없어진 것을 알고 찾아온 일행들과 감격적으로 상봉했습니다. 비록 혼도 많이 났지만, 저는 그날 그 30분 이후로 뉴욕을 달리 보게 되었어요. "바쁜 길일수록 돌아가야 한다"는 평범한 진리도 다시 한 번 깨달았고요.

제가 그랬던 것처럼, 디자이너들은 자신의 눈앞에 있는 수많은 정보를 가급적 모두 자기 것으로 만들려고 노력합니다. 하지만 정보란 것은 어떻게 해석하는지에 따라 다른 결과를 가져오게 마련이므로 출장 시 수백 개의 매장에 걸려 있는 수만 벌의 옷을 무작정 다 외우려고 애쓸 필요는 없습니다. 출장의 목표는 '내가 만들 옷을 입힐 소비자에게 어울리는 그 무엇인가를 찾는 것'이거든요. 저 역시 그 사실을 깊이 이해하는 데 시간이 많이 걸렸지만 말입니다.

저는 여러분에게 옷을 디자인하기 전, 그리고 디자인하는 과정에서 얻는 수많은 정보들과 너무 가까워지지도 말고 또 너무 멀리 가지도 말라고 말씀드리고 싶어요. 중요한 것은 균형 감각입니다. 시장 조사를 할 때는 반드시 자신이 계획하고 있는 옷이 다른 옷들과 어떤 공통점과 차별성을 갖고 있는지 살펴보세요. 이 미묘한 밸런스야말로 여러분이 타깃으로 정한 소비자가 여러분의 옷을 선택하게 만드는 중요한 포인트가 될 것입니다.

여러분이 소비자가 되었다고 생각해보세요. 예를 들어 다가올 봄에 화이트 블라우스가 유행이라고 합니다. 아직 겨울인데도 인터넷에 벌써 화이트 블라우스 사진이 많이 올라왔어요. 패션피플을 자처하는 블로거들, 패션 리더라고 소문난 연예인들이 멋진 블라우스를 입고 스타일을 뽐내고 있습니다. 여러분도 하나 장만하기로 마음먹습니다. 의기충천하여 이곳저곳 돌아다니며 다양한 모양의 화이트 블라우스를 입어봅니다. 발바닥이 아플 만큼 돌아다닌 끝에 드디어 마음에 드는 것을 사게 되었습니다.

이때 여러분은 '왜 하필 그 옷'을 고른 걸까요? 비단 '화이트' 블라우스이기 때문이었을까요? 아닙니다. 많고 많은 옷 중에서 여러분이 고른 '그것'은 분명 어느 부분에서인가 '특별히' 여러분의 마음을 움직였기 때문일 거예요. 소재가 남다른 것일 수도 있고, 칼라 모양이 마음에 들었을 수도 있고, 장식이 매력적이었을 수도 있습니다. 정리해볼까요?

디자이너의 개성이 보이는
화이트 블라우스입니다.

'화이트 블라우스'가 공통점이자 대중성이라면, 선택의 결정적 원인이 되는 '소재나 칼라, 장식'은 차별성과 독창성이라고 할 수 있습니다.

이제까지 살펴본 것처럼 착장 조사 자료, 컬렉션 자료, 패션잡지 자료, 경쟁 브랜드 동향 자료 등을 일일이 모으다 보면 한 시즌에 디자이너 개인이 접하게 되는 사진만 해도 수천 장에 육박하게 됩니다. 이 것들을 잘 모아서 분류해두면 디자인할 때 큰 도움을 받을 수 있습니다. 디자이너 한 사람이 작업하는 디자인의 수는 브랜드마다 시즌 별로 대략 20~40개 정도가 되는데요. 이처럼 일이 많다 보니 어떤 때에는 아이디어가 고갈되기도 해요. 잘 모아둔 자료는 이런 순간 빛을 발휘합니다.

머릿속에 넣어두었거나 개인 컴퓨터에 저장한 자료 중에는 다른 디자이너들도 갖고 있는 자료가 있고, 오직 자신만이 갖고 있는 자료도 있을 거예요. 그러므로 공통된 부분과 독창적인 부분을 어떻게 믹스할 것인가에 집중해야 합니다. 대중성과 실용성이라는 두 마리 토끼 잡기, 창작물과 카피의 차이 드러내기라는 디자인의 성공은 바로 여기에 달려 있습니다.

사진 자료가 중요한 이유

혹시 여러분 중에 "디자이너에게 사진 자료가 왜 그렇게 중요하지?" 하고 의문을 가진 분도 계실 거예요. "출장을 다니게 되면 할 일도 많은데 언제 사진을 다 찍는단 말인가?" 하고 걱정하는 분도 있겠네요. 그런데 말이에요, 사진 자료를 모아 분석하고 파일로 만드는 것은 여러분이 생각하는 것보다 훨씬 중요합니다.

왜냐고요? 사진 자료는 여러분의 생각을 시각화하여 타인과 공유할 수 있는 자료이기 때문이죠. 또한 사진 자료는 내가 생각하고 있는 실루엣과 봉제 방법 등을 같이 일하는 패턴사나 봉제사에게 가장 효과적으로 설명할 수 있는 자료이기도 합니다. 말로 하면 오해의 소지가 생길 수 있는 내용도 눈으로 볼 수 있는 시각 자료를 사용하면 정확하게 전달할 수 있으니까요.

패션 트렌드 정보사를 활용하라

"그런데 쌤, 궁금한 게 있어요. 시즌마다 새로운 컬렉션을 준비하는 디자이너들은 대체 어떻게 해서 트렌드를 미리 알게 되는 거죠??" 궁금하시죠? 저도 디자이너가 되기 전엔 그것이 항상 궁금했어요. "도대체 어떤 디자이너가 트렌드를 만드는 걸까? 유명한 디자이너들끼리 모여서 정하는 건가?" 하면서요. 드디어 비밀을 알려줄 때가 되었네요.

트렌드를 제시하는 곳은 'NellyRodi', 'Carlin', 'Promostil'과 같은 해외 트렌드 정보 기획사나 국내 정보사(firstviewKorea, 삼성패션연구소, 인터패션플래닝…)들입니다. 이들이 해외 컬렉션보다 시기적으로 앞서 트렌드를 제시하는 것이지요. 패션 분야에서는 특별히 시즌 컬러, 시즌 테마, 주요 스타일, 소재와의 믹스 등을 제안하게 되는데요. 이러한 자료들은 사람들이 관심을 갖는 대상과 라이프 스타일 분석으로 만들어집니다. 트렌드 정보 기획사에서 보내오는 자료는 "소비자들이 현재 무엇을 좋아하는가?"보다 "이러저러한 이유로 앞으로는 OOO한 것을 좋아할 것이다"에 초점을 맞춘 것들입니다. 따라서 시즌을 거꾸로, 또는 시즌을 앞서서 디자인하는 모든 디자이너들이 새로운 계절 제품을 시작할 때 큰 틀을 잡을 수 있도록 도와주지요.

트렌드 정보 기획사의 자료는 매 시즌 주요 컬러를 정하는 데 큰 도움이 됩니다. 이들이 주는 정보가 거의 절대적인 역할을 하지요. 컬러 자료는 비단 패션계뿐만 아니라 인테리어, 건축 등 컬러를 중요하게 다루는 여러 분야에 제공됩니다. 트렌드가 될 새로운 컬러를 해마다 채도와 명도 별로 제시하지요.

해외에서 제시하는 컬러를 사용할 때, 특히 패션에서 사용할 컬러를 정할 때에는 우리나라 소비자들의 얼굴색을 염두에 두어야 합니다. 해외 정보지가 제안하는 컬러는 주로 백인과 흑인을 기준으로 선택하는 것들이어서 그대로 적용했다가는 낭패를 보기 쉽습니다. 우리나라 소비자들에게는 지나치게 창백한 색이거나 반대로 너무 짙은 색인 경우가 종종 있기 때문이죠. 그러나 미리 걱정할 필요는 없습니다. 인터넷과 케이블 TV에 나오는 패션 프로그램의 진화에 힘입어 글로벌 트렌드의 정보가 소비자들과 공유되는 속도 역시 LTE 급으로 빨라졌고, 해외에서 유행하는 모든 것이 실시간으로 알려지고 있으니까요. 덕분에 다소 받아들이기 어려운 트렌드도 이제는 거부감이 덜하게 되었습니다. 여성복에 황색을 사용한다거나 남성복에 카키 컬러를 쓰는 시도가 예전에는 한국인의 정서에 잘 맞지 않았지만, 이제는 유행이라면 기꺼이 감수하겠다는 분위기가 되었잖아요?

트렌드 정보사에서 제시하는 트렌드와 컬러는 새로운 시즌에 보여줄 수 있는 모든 테마와 컬러를 광범위하게 제시합니다. 그러므로 디자이너들은 자신의 브랜드에 맞는 분위기를 선택하여 이를 바탕으로 재조명하고 재조합해야 합니다.

여러 정보사에서 보내오는
컬러 자료들입니다.
종이로 된 컬러칩도 있고
실로 만든 것도 있습니다.

해외 트렌드 정보사에서 제안하는
컬러의 예시입니다.

  하지만 어떤 컬러가 유행이라고 해서 모든 브랜드가 같은 색을 선택
하지는 않습니다. 브랜드마다 성격과 분위기를 따르는 기본 색을 가지
기도 하니까요. 이제 컬러는 어떤 브랜드의 아이덴티티를 나타내는 중
요한 요소가 되었습니다. 예를 들어 소녀적인 감성을 추구하는 브랜드
에서 사용하는 핑크와 중성적인 느낌을 강조하는 브랜드에서 쓰이는
핑크는 비록 같은 핑크일지라도 채도와 명도가 확연히 다릅니다. 소녀
적인 감성의 브랜드에서는 사랑스럽고 밝은 명도와 채도의 컬러를 사
용하고, 중성적인 느낌의 브랜드에서는 명도와 채도가 다소 낮은 핑크

정말 예쁜
핑크색들입니다.

를 사용하여 브랜드의 전체적인 느낌을 통일성 있게 연출하지요. 유행색이라고 무조건 따르다 보면 자신의 브랜드에 맞지 않는 색상을 사용하게 되고, 그러면 결국 매장에서 지나치게 튀는 느낌을 주어 전체적인 느낌을 해칠 수 있습니다.

세상과 함께 호흡하기

디자인 자료는 볼 수 있는 시각 자료에만 국한되지 않습니다. 전철이나 버스로 출퇴근하면서 접하게 되는 게 비단 사람들이 입고 있는 옷이나 신발만은 아니지요. 유행하는 음악, 좋아하는 연예인의 활동 소식, 유명인들의 라이프 스타일, 때이른 더위와 길고 긴 장마 소식, 첫눈 정보, 친구들끼리 수다 떠는 소리…. 이처럼 여러분을 둘러싸고 있는 모든 소리도 디자인의 자료가 될 수 있답니다. 연예인들의 공항패션이 어떻다더라, 요즘 인기리에 방영되고 있는 드라마 주인공이 입는 옷이 어떻다더라 하는 소문에도 패션은 민감하게 반응합니다. 패션은 또 유행하는 음악에도 영향을 받습니다. 힙합풍, 복고풍, 락앤롤…의 영향을 받기도 하지요. 그러므로 디자이너가 된 여러분은 어쩔 수 없이, 문화와 소비자의 스토커가 될 수밖에 없습니다. 그들의 모든 것이 궁금하기 때문이죠.

기상의 변화도 디자인에 한몫 단단히 합니다. 특히 요즈음처럼 기상 이변이 잦은 시기에는 더욱 그러하지요. 패션 업체에서는 아예 기상 예측 관련 정보사와 계약을 체결하여 1년치 기상 정보를 미리 받아 이를 참고합니다. 얼마 전까지만 해도 한국은 사계절이 비교적 뚜렷한 나라였기에 패션 업계에서 계절 상품을 준비하는 데도 무리가 없었습니다. 한 시즌 먼저 상품을 기획하면 되었으니까요. 하지만 최근 패션 업체에서는 봄·여름·간절기·가을·겨울·간절기의 여섯 개 시즌으로 나누어 디자인 기획을 하고 있습니다. 기후가 달라졌기 때문이죠.

인간의 생활은 기후에 영향을 받게 마련입니다. 특히 의복은 기후와 날씨 조건에 따라 옷감의 두께와 종류를 결정해야 합니다. 어느 해는 겨울이 유난히 추워서 오리털 점퍼 같은 아우터 상품이 일찌감치 동나기도 합니다. 그래서 급하게 추가 물량을 생산했는데, 이게 웬일입니까? 그 후 따뜻한 날이 계속되는 바람에 초과 생산량이 모두 물류 창고에 쌓이게 되었습니다. 회사는 어려워졌고요. 어디 그뿐일까요? 짧아진 봄과 길고 긴 여름 때문에 세일을 해도 봄 옷이 팔리지 않는 현상이 벌어집니다.

기후 변화 덕에 더 잘 팔리는 상품도 있습니다. 자외선이 강해지고 산으로 들로 강으로 나가는 사람들이 많아지면서 땀이 빨리 마르고 통풍이 잘 되는 기능성 의류가 날개를 달게 되었지요. 어느 해 겨울에는 모 브랜드에서 파는 기능성 내의를 사려는 사람들의 긴 행렬이 뉴스에 나오기도 했답니다. 또 건강에 대한 일반인들의 관심이 증가하면서 운동 열풍이 불자 수많은 스포츠웨어들이 인기 품목에 들게 되었

가족끼리 캠핑을 즐기는
문화가 정착되면서 라이프 스타일도
바뀌었습니다.

등산복을 갖춰 입은 모습입니다.

기능이 중시되던 장화에서
패션 장화로 변신!
기후 변화가 패션에 영향을 끼치는
좋은 예입니다.

지요. 예전에는 청바지 하나를 산에 갈 때도 입고 자전거 탈 때도 입었는데 요즘에는 스포츠마다 복장을 따로 갖추는 게 유행입니다. 그뿐인가요? 가족을 중시하고 야외 활동을 즐기는 풍조가 자리 잡으면서 아웃도어 룩이 대세가 되었습니다. 덩달아 텐트며 파라솔 같은 야외 용품도 잘 팔립니다.

우리나라의 스포츠 브랜드는 규모도 작고 카테고리도 적었는데, 사람들의 생활이 집과 일터를 벗어나 다양하게 변화하면서 함께 진화하기 시작했습니다. 단순한 레저 스포츠 용품에서 벗어나기 시작한 것이지요. 이제 요가나 등산 바지 같은 스포츠웨어나 골프웨어 같은 취미 생활 의상이 일상복이 되어버렸습니다. 스포츠 브랜드의 수도 급격히 늘어났고요. 만일 디자이너들이 하루가 멀게 달라지는 소비자의 라이프 스타일과 요구를 눈치 채지 못했다면 스포츠웨어의 일상화는 꿈도 못 꾸었겠지요? 이처럼 변화무쌍한 현상을 재빨리 인식하여 소비자가 원하는 것을 제공하고, 또 앞으로 원하게 될 것을 예측하여 상품을 디자인하고 개발하는 것이 디자이너의 역할입니다.

그런데 여러분, 세상에는 신기하게도 혼자 가는 현상이 없답니다. 모든 게 눈에 보이지 않는 그물로 촘촘하게 연결되어 있지요. 그러므로 여러분은 자신을 둘러싼 세상에 귀를 기울여야 합니다. 정치·경제·사회·문화 등 각 영역의 이슈들에 주목하세요. 무슨 일이 벌어지는지, 사람들의 생각과 생활 패턴이 어떻게 달라지는지 잘 관찰하세요. 그 모든 관찰의 결과가 여러분이 디자인하는 상품의 자료로 활용될 수 있으니까요. 세상이 전하는 모든 소리에 귀를 기울이세요!

우연히 마주친 그대

전철이나 버스로 출퇴근하는 시간은 무척 피곤합니다. 자기계발을 위하여 어학 파일을 듣는 사람도 있고, 그날 있을 혹은 있었던 업무를 정리하는 사람도 있습니다. 자리에 앉으면 바로 잠이 드는 사람도 있습니다. 어느 날이었어요. 피곤에 지쳐 잠이 들었던 저는 지하철 방송 소리에 깜짝 놀라 눈을 떴습니다. 어느 역인지 확인하려고 고개를 든 순간 갑자기 정신이 번쩍 들었지요. 매장에 나간 지 일주일밖에 되지 않았던 옷, 제가 디자인한 아름다운 티셔츠가 눈앞에 있었거든요.

재킷이나 팬츠 같은 아이템은 아주 특이한 요소가 있지 않는 이상 실루엣만으로 자신의 디자인이라는 것을 알기 어렵습니다. 하지만 티셔츠는 프린트나 장식만 보아도 자신의 옷이라는 것을 비교적 쉽게 알아챌 수 있어요. 저는 그날 그 순간, 가슴이 뛰고 얼굴이 붉어지면서, 제가 디자인한 옷을 입고 있는 사람이 세상에서 가장 예뻐 보이는 신기한 경험을 했습니다. 인사라도 나누고 싶은 마음이었지만 웃음을 참으며 내렸지요. 그 아이템은 초기 런칭*에서 완판(완전판매)되었고, 그 후 3차에 걸쳐 리오더*를 진행하게 되었습니다.

　　판매가 잘된 것도 무척 기쁜 일이었지만, 내가 디자인한 옷을 입은 소비자를 직접 만난다는 것은 또 다른 경험이었어요. 옷을 입은 실제 소비자를 길에서 만나게 되니 옷을 만들기 위해 그렸던 그림들이 살아 돌아다니는 것만 같았습니다. 누군가에게 선택되어 존재감을 갖게 된다는 데에 책임감도 느꼈고요. 그리고 일에서 얻는 만족감이 무엇인지 온몸으로 깨달았습니다. "이래서 디자인을 하는구나"라는 그 황홀한 느낌과 감동이라니요! 길을 걸어 다니는 사람들은 모두 '누군가의 디자인'을 입고 있습니다. 여러분도 그중 한 사람일 것입니다. 그리고 언젠가는 여러분이 디자인한 옷을 '누군가'가 입고 있을 것입니다.

밀어주고 끌어주는
나는 디자인 실장이다

숲을 보는 사람

드디어 디자인 실장이 되었군요! 축하합니다.

그런데 한 팀의 리더가 된다는 건 무작정 축하 받을 일만은 아니랍니다. 리더가 된 만큼 책임의 수위도 높아지니까요. 실장에게는 같이 일하게 될 팀원(디자이너, 기획자, 생산 담당자, 영업자, 홍보 인력)을 구성하고 팀워크를 다지는 일이 무엇보다 중요합니다. 모든 브랜드는 각 부서에서 행해지는 일들이 마치 꽉 맞닿은 톱니바퀴처럼 잘 맞아서 돌아가야만 성공적으로 자리매김을 할 수 있기 때문이죠. 브랜드의 완성도를 높이려면 내 일, 네 일을 떠나 서로 도와가며 일하는 조직 문화가 정착되어야 합니다. 그러므로 디자인 실장은 개인 업무 위주로 일하던

디자인 실장은 나무와 숲을
동시에 볼 줄 알아야 해요!

패턴에서 벗어나 하루 빨리 다른 부서와의 조율을 최우선으로 두는
작업 패턴을 익혀야 합니다. 디자이너인 동시에 관리자의 업무를 병행
하게 되는 탓입니다. 즉, 팀 안의 디자인 업무뿐만 아니라 제품을 생산
해서 매장에 진열하고 소비자에게 판매하는 전 과정에 참여하게 되는
것이지요.

　디자인실의 팀원으로 일할 때에는 자기 업무를 중심으로 움직여도
뭐라 할 사람이 없었습니다. 어떻게 하면 나의 디자인을 돋보이게 할
것인가가 주요 관심사였지요. 그러나 실장이 되어 팀을 맡게 되면 달
라져야 합니다. 디자이너 모두의 제품을 모아 브랜드 전체에서 그리려

는 그림을 어떻게 만들어갈 것인가에 중심을 두어야 하니까요. 잘 팔리는 베이직(기본) 제품과 브랜드의 이미지를 대표하는 제품, 그리고 디자인성은 있으나 판매성이 떨어지는 제품들을 적절히 구성하여 분위기와 콘셉트를 맞추는 것도 실장이 할 일입니다. 브랜드가 독창성과 판매성을 모두 갖추도록 노력해야 한다는 뜻입니다.

또한 매장에 공개될 컬러 계획과 디자인 계획을 세우는 한편, 주기적으로 바뀔 모습까지 예측하여 봄·여름·가을·겨울에 대한 틀도 미리 잡아놓아야 합니다. 그뿐인가요? 팀의 디자이너들이 새로운 제품을 디자인하기 전에 가이드 라인을 잡아주는 것도 디자인 실장의 몫입니다. 그 밖에도 실장의 역할은 많습니다. 주 소비자 층을 정하여 브랜드의 콘셉트를 잡아야 하고, 계절의 시즌 테마(주제)도 정해야 합니다. 그리고 확정된 콘셉트와 테마를 팀원들이 잘 알아볼 수 있도록 자료로 만들어서 부서원들과 공유해야 합니다. 브랜드의 목표와 방향을 팀원들이 잘 이해하고 함께 갈 수 있도록 말이지요.

어깨가 무겁죠? 하지만 여러분은 잘 할 수 있을 거예요. 그동안 충분히 공부하고 노력해서 그 자리에 오른 것이니까요. 한 그루 한 그루의 나무를 잊지 않되 숲 전체를 볼 줄 아는 사람, 제가 여러분에게 당부하고픈 디자인 실장의 모습입니다.

자기 자신을 믿어라

날이 갈수록 브랜드의 이미지가 중요해지고 있습니다. 소비자가 기억하지 못하는 브랜드는 살아 남을 수 없기 때문이지요. 패션 업체들이 홍보에 목숨을 거는 이유입니다. 그래서 어떻게든 연예인이나 국내외 유명 인사를 모델로 기용하여 TV 광고를 하고, 멋진 화보를 제작하여 매장에 비치하려고 애를 씁니다. 각인 효과를 노리는 것이지요.

의류 회사는 엄청난 비용을 광고비로 지출합니다. 더 많은 소비자들에게 제품을 판매하려는 대중적인 브랜드일수록, 전국적으로 많은 대리점을 갖고 있는 브랜드일수록 큰돈을 사용하여 국내외 유명인을 모델로 씁니다. 알 만한 업체들 사이에서 모델 모시기 경쟁이 치열한 것도 그런 이유 때문입니다. 어느 회사든 누구나 알 수 있는 사람으로 자기 모델로 세우길 원하니까요. 또 중국에 매장을 세우는 브랜드에서는 한류 연예인을 모델로 기용합니다. 광고란 브랜드를 알리는 동시에 소비자가 원하는 바를 우리가 얼마나 충족시켜줄 수 있는지를 보여주는 맛 좋고 예쁜 시식용 케이크와도 같습니다. 따라서 디자인 실장은 시즌을 시작하기 전 광고 문제를 가장 심각하게 고민해야 합니다.

광고나 인테리어, 매장 진열 같은 부분은 디자이너 외의 다른 부서(홍보팀, VMD-비주얼 머천다이저)와 연결되어 같이 일하기 때문에 의견을 조율하는 게 무엇보다 중요합니다. 그 과정에서 사공이 많다 보니 배가 산으로 가는 경우도 종종 있지요. 바로 이때가 디자인 실장의 리더십이 필요한 순간이랍니다. 타깃이나 홍보의 방향을 가장 잘 아는 사람은 누가 뭐래도 디자인 실장이니까요.

　광고를 진행할 때에는 디자인 실장이 정하는 방향에 따라 스타일리스트가 코디네이션을 정하게 됩니다. 따라서 모델의 메이크업이나 헤어 스타일처럼 작은 사항을 결정하는 일부터 제품 홍보 이미지 전체를 결정하는 데 이르기까지 디자인 실장은 자신의 확고한 의견과 방향을 준비하고 있어야 합니다. 자신의 의견을 팀 내의 다른 이에게 충분히 설명하고 그들을 설득해야 하거든요. 그러므로 디자인 실장은 다른 팀원보다 반 발자국 앞서 이 모든 과정을 계획하고, 필요한 사항들을 체크하면서 철저하게 준비해야 합니다. 팀원들이 의문을 제기할 때 답을 내어놓을 준비를 하는 것도 매우 중요하죠. 실장의 결정이 늦어지면 적절한 타이밍을 놓치게 됩니다. 각각의 업무를 진행하는 담당자를 거쳐 실무자에게 거쳐오기까지 시간이 많이 흐르기 때문이죠

　제품의 홍보 전략을 세우고 광고를 준비할 때 필요한 것은 자신감입니다. 사전에 충분히 계획을 검토하고, 필요한 사항들을 빠짐없이 검토하세요. 그리고 팀원의 역할에 따라 업무를 명확하게 분배하고, 콘셉트가 흔들리지 않도록 방향을 잘 잡아주세요. 무엇보다 자신감을 가지고 자기 자신을 믿으세요. 그래야만 팀원들도 여러분을 믿고 따를 것입니다. 실장이라고 해서 항상 옳은 결정을 할 수 있는 것은 아니지만, 최선의 결정을 내릴 시간은 언제나 충분합니다.

팀워크가 생명이다

디자이너들의 업무량은 정말 많습니다. 하루에 일하는 시간으로만 따져도 다른 직업보다 많으면 많았지 결코 적지 않지요. 아침부터 저녁까지 일하는 것은 기본, 야근도 많고 출장도 많습니다. 국내외 컬렉션이니 출장에 참가하느라 며칠 동안 팀원들과 희로애락을 같이 해야 하는 경우도 비일비재하고요. 디자이너들은 대개 가족과 함께하는 시간보다 직장 동료들과 보내는 시간이 더 많습니다. 새로운 팀원을 뽑을 때 신중해지는 이유입니다. 밤새 머리를 맞대고 일하고, 가슴으로 대화하고, 밥을 같이 먹는 등 동료들과 많은 시간을 함께하기 때문이죠.

팀원들의 성격이 서로 잘 맞지 않는다거나 견해 차이가 심해 문제가 자주 발생하면 각자에게 깊은 상처가 될 뿐 아니라 업무에도 차질이 생기기 쉽습니다. 디자인 실장은 디자이너들 사이는 물론 공동 작업이 필요한 순간 다른 부서원들과 문제가 발생하지 않도록 관계를 잘 조정해야 합니다. 공적으로는 서로의 책임과 의무의 경계선을 구분하여 팀원들 간의 업무 공백이 생기지 않도록 노력하고, 사적으로는 서로 친밀하게 협력하여 일할 수 있는 분위기를 만들어주어야 하죠. 서로의 자발적인 협력으로 과제를 해결하게 된다면 성취감은 더욱 높아질 것입니다.

디자인 실장은 디자인실의 분위기를 만들고 지켜나가는 사람입니다. 실장의 개성에 따라 분위기가 따뜻한 디자인실도 있고, 실적 위주의 경쟁을 강조하는 디자인실도 있어요. 카리스마를 발휘하여 자기주장을 적극적으로 밀고 나가는 추진력 있는 실장도 있을 테고, 큰언니(큰누나)처럼 가급적 팀원들을 모두 포용하면서 방향성을 잃지 않도록 팀을 이끄는 실장도 있을 테지요. 이렇듯 디자인 실장의 모습은 개인의 성향이나 기질에 따라 다르게 표현됩니다. 하지만 실장으로서 팀을 이끌고 싶다면 무엇보다 팀원들을 세심하게 관찰하여 그들 각자의 재능과 능력을 분명하게 파악하고, 그에 따라 업무를 나누어줄 수 있어야 합니다. 밀어주고 끌어주면서 후배 디자이너들이 멋지게 성장하여 제 몫을 다할 수 있도록 힘을 실어주는 것 또한 리더의 책임 아닐까요?

퍼즐 조각 맞추기는
팀워크의 기본입니다.

디자이너의 꿈이
꽃으로 피어나는 무대,
패션쇼

디자이너들에게 패션쇼만큼 설레는 일이 있을까요? 자신의 모든 것을 쏟은 디자인이 멋진 제품으로 나오는 것만도 행복한데, 내로라하는 모델들이 그 옷을 입고 런웨이*를 누빈다니요! 생각만 해도 황홀합니다. 패션쇼는 모든 디자이너들의 꿈과 노력이 피어나는 멋진 무대입니다.

패션쇼는 크게 오뛰 꾸뛰르*와 프레타 포르테*로 나뉘어집니다. 파리에서 1910년대부터 1950년대까지 귀족과 상류층을 대상으로 발달한 오뛰 꾸뛰르와 달리, 프레타 포르테는 제2차 세계대전 이후 값비싼 오뛰 꾸뛰르 수준의 기성복을 원하는 소비자를 만족시키기 위해 생겨났어요. 오뛰 꾸뛰르가 소수의 한정된 고객을 대상으로 명맥을 이어오고 있는 것과 반대로 프레타 포르테는 바이어와 언론 매체뿐 아니라 소비자에게도 공개되는 패션쇼로서 파리·뉴욕·런던·밀라노 등지에서 해마다 두 번 열립니다. 전 세계의 디자이너들의 꿈의 장소이죠. 자신의 의상을 소개하고, 세계의 패션을 이끌어갈 수 있는 기회의 무대이니까요.

*런웨이(runway) : 원래 비행기의 활주로를 뜻하는 단어였지만, 패션에서 사용할 때는 쇼가 벌어지는 무대를 칭한다.

*오뛰 꾸튀르(haute couture) : 고급 주문 여성복.

*프레타 포르테(prêt a porte) : 고급 기성복(ready to wear).

이제 패션쇼가 어떻게 만들어지는지, 그 비밀스러운 백스테이지*를 한 번 살펴보겠습니다. 함께 가실까요?

가장 먼저 패션쇼에 나가게 될 의상을 정합니다.

그러고 나서 모델, 패션쇼 장소, 패션쇼 일정 등을 정하지요. 여기에는 패션쇼만 담당하는 연출 팀이 따로 있어서 이들이 무대 연출, 모델 섭외, 패션쇼 음악 등 의상 이외의 모든 것을 기획하고 준비합니다. 이때 디자이너는 자신이 디자인한 의상의 이미지 방향을 설명하고 연출 팀과 맞추어 방향을 설정하지요. 물론 옷에 맞는 헤어 스타일, 메이크업*의 방향도 맞추고요.

*백스테이지(backstage) : 패션쇼에 참석한 대중은 볼 수 없는 공간. 일반적으로 패션쇼 준비가 이루어지는 현장을 일컫는다.

*메이크업(make-up) : 패션쇼 연출 의도에 맞게 모델들의 얼굴이나 신체 부위를 화장하는 것. 패션쇼의 메이크업은 모델이 입은 의상과 조화를 이루어야 한다.

패션쇼가 진행될 무대를 미리 체크합니다.

그 다음, 모델의 사이즈에 맞게 옷을 제작해 입혀봅니다.

모델의 착장 모습을 보면서 길이나 품을 수정합니다. 모델이 신는 신발도 매우 중요하죠. 모델들은 대부분 발 사이즈가 크기 때문에 미리 체크해서 준비해야 합니다. 또 의상에 어울리는 액세서리도 완벽하게 갖춰놓습니다. 모든 소품이 준비되면 스타일리스트들과 함께 의상을 코디해봅니다. 덕분에 디자인실은 밤새도록 불을 밝혀야 하지요.

패션쇼 당일이 되면 새벽부터 모든 팀원들이 바빠집니다.

모델들이 입어야 하는 옷을 정리하고, 모델이 옷 갈아입는 것을 도와주는 사람들에게 주의할 사항이나 특징 등을 자세하게 설명해주느라 정신이 없지요.

보드에 헤어 스타일과 메이크업 백스테이지 연출컷을 정리했어요.

모델 별로 스테이지에서 입을 옷과 액세서리를 모두 챙겨 순서대로 걸어둡니다.
앞에 걸어놓은 보드에 모델 이름, 착장 사진, 주의사항을 적어놓아 디자이너가
자리에 없어도 헬퍼의 도움으로 패션쇼가 순조롭게 진행되도록 합니다.

도착하는 모델부터 헤어와 메이크업을 시작합니다.

디자이너와 헤어 메이크업 담당자는 사전 미팅으로 이미 방향을 정해 놓은 상태이지만, 실수나 착오가 없도록 한 번 더 체크합니다.

리허설을 시작합니다.

음악과 워킹 라인(walking line)을 맞추고 의상과 어울리는지 체크합니다. 워킹 라인이란 패션쇼 무대에서 어떤 옷을 입은 모델이 언제 나가는지, 어떤 순서로 들어오는지 등 걷는 순서를 정하고 배치하는 것을 이릅니다. 옷이 구겨지면 안 되므로 직접 입지는 않고 옷을 들고 워킹

모델의 메이크업 상태,
주의사항 등을 점검합니다.

매우 긴장되고 정신 없는 순간이지요.

연습을 합니다. 패션쇼에서는 옷이 가장 소중하니까요!

이제 곧 패션쇼가 시작된다고 합니다.

입구에서는 런웨이로 나가기 직전의 상태를 한 번 더 체크합니다. 손재간이 좋은 디자인 팀장이 옷매무새를 다듬어주거나 잘못된 것이 있으면 그 자리에서 바로 수정하지요. 백스테이지에서 들리는 음악 소리가 내 심장 소리 같습니다.

런웨이로 나갔던 모델들이 뛰어들어오면서 옷을 벗습니다.

그리고 순식간에 다른 옷으로 갈아입습니다. 시간이 촉박한 이 순간!!

디자이너가 매무새를 잡아주고 있습니다.

런웨이에 나가기 직전
최종 점검을 하는 긴장된 순간!

모두의 노력으로 멋진 패션쇼가 열렸습니다!

정신을 바싹 차려야 합니다. 무대에서는 한 치의 실수도 용납되지 않거든요. 모두 소리치며 정신이 없습니다. 밖에서 쇼를 즐기는 사람들은 무대 뒤에서 이런 상황이 벌어지는 것을 상상도 하지 못하겠죠?

마침내 박수 소리가 들리면서 패션쇼가 끝납니다. 며칠 동안 밤을 새며 작업하느라 쌓였던 피로가 눈 녹듯이 사라지는 순간이죠. 디자이너가 되기로 마음먹은 여러분은 이런 과정을 학내 패션쇼에서 또는 회사 내 품평회에서, 그리고 대형 패션쇼에서 수없이 경험하게 될 것입니다. 몸은 고되지만, 보람과 즐거움도 함께 찾아오는 패션쇼! 모든 디자이너가 꿈꾸는 무대입니다.

chapter 4

패션
디자이너의
실무

소비자와 만나라
시장 조사

거리 착장 조사

실제 소비자들이 어떤 옷을 즐겨 입고 다니는지 촬영하는 조사입니다. 거리 조사는 디자이너가 만든 옷을 입히고자 하는 대상이 많은 장소에서 진짜 소비자들은 무엇을 입고 어떻게 코디해서 입는지 알아보는 것입니다. 예를 들어 20대 여성 소비자가 대상인 브랜드에서는 20대 여성 소비자가 많이 보이는 곳, 이를 테면 대학가·쇼핑지역·놀이지역 등 대상의 라이프 스타일(life style)에 따른 장소를 설정하여 실제로 소비자들이 어떤 옷을 입고 있는지 조사하는 것입니다. 거리 조사를 하면 다음과 같은 사실들을 알 수 있습니다.

● **대상 소비자의 취향을 파악할 수 있다** : 아래 사진 자료에는 소녀적인 캐주얼 스타일이 많이 보입니다. 정보를 얻고자 하는 카테고리(girlish–boyish, casual–character)에 의한 분류인데요. 이때 카테고리가 달라지면 같은 사진으로 다른 결과를 얻을 수도 있습니다. 자신이 정보를 얻고 싶은 내용을 축으로

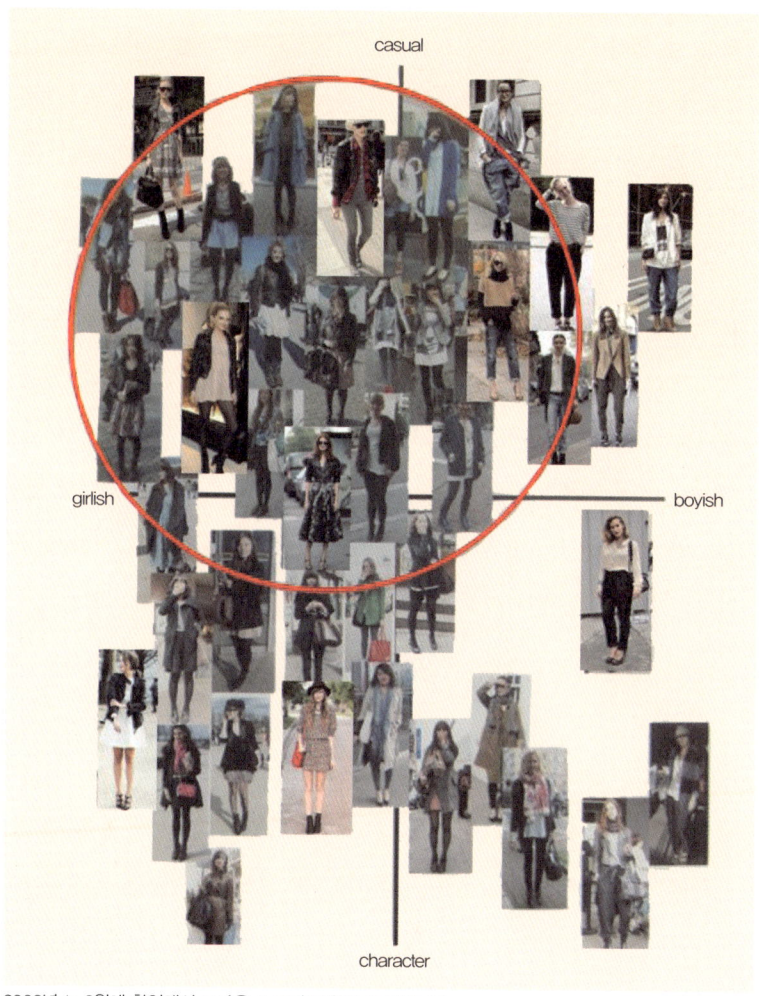

2009년 1~3월에 촬영해서 모아온 스트리트 착장 조사입니다.

사용합니다. 사진 정보의 세로축과 가로축에 서로 상반되는 지표를 적은 다음, 모아 온 사진 정보가 어느 쪽에 더 가까운지를 보고 소비자들의 성향을 이해합니다.

❸ 자료를 분석하여 대상 소비자들이 주로 어떤 식으로 옷을 코디해서 입는지 알 수 있다 : 사진을 보니 소비자들이 주로 캐주얼하면서 여성적인 느낌의 옷들을 즐겨 입는군요. 그렇다면 시즌 상품을 디자인하거나 디자인 기획 과정에 이 결과를 반영해야겠지요? 만일 중성적인 느낌이나 좀 더 보이시한 디자인을 구상 중이라면 콘셉트 수정도 필요할 것 같습니다.

❸ 소비자들에게 입힐 새로운 옷을 제안할 수 있다 : 모아온 자료를 보고 "스타일이 비슷하다", "특별한 게 눈에 띄지 않는다"고 판단했다면 여러분은 신상품을 기획하는 단계에서 이 느낌을 충분히 반영할 수 있어요. 디자이너의 개성이 물씬 풍기는 옷을 디자인하거나 서로 다른 아이템을 멋지게 활용할 수 있는 코디 제안을 할 수도 있고요. 어쩌면 획기적인 스타일을 내놓아 패션을 선도할 수도 있겠지요?

상점 조사

국내외 시장 조사에서 가장 중요하고, 또 가장 많은 부분을 차지하는 것이 바로 상점 조사입니다. 내로라하는 브랜드숍은 물론 중저가 시장까지 완벽하게 섭렵하는 게 주요 미션이지요. 디자이너의 발품 팔기가 중요한 조사입니다. 상점 조사를 통해 여러분은 다음과 같은 정보를 얻을 수 있습니다.

- 🔘 경쟁 브랜드 상품을 사진 자료로 찍어 우리 브랜드와 비교하면서 유사점과 차별점을 알아낸다.
- 🔘 경쟁 브랜드에서 가장 잘 팔리는 베스트 아이템을 파악한다.
- 🔘 경쟁 브랜드 간의 공통된 트렌드를 분석할 수 있다.

백화점이나 대형 쇼핑몰 내부의 브랜드 매장을 꼼꼼하게 조사합니다.

발바닥이 아프더라도 참아야 합니다. 상점을 돌아다니며 트렌드를 분석하는 건 매우 중요한 일이거든요.

국내외 컬렉션 분석

봄·가을로 열리는 S/S, F/W 해외 컬렉션의 정보를 분석하여 다음 시
즌의 트렌드를 파악합니다. 자신의 브랜드에 어울리는 정보를 모아 디
자인에 참조하지요. 이때 디자이너는 컬렉션에 나온 의상의 실루엣·디
테일·소재·컬러·액세서리 코디네이션 등 모든 부분에 관심을 가져야
합니다. 컬렉션은 트렌드를 만들고 주도하는 디자이너들의 의상이 저
음 소개되어 언론과 매체의 관심을 유도하는 자리인 만큼 디자이너는
'매의 눈'을 가지고 컬렉션에 참가해야 합니다.

오렌지 컬러가 주조를 이룬
컬렉션입니다.

TV, Internet, Magazine에서 정보 얻기

글과 사진 자료는 모두 중요한 정보입니다. 매체를 통해 얻는 이 같은 정보들은 소비자에게도 동시에 열려 있으므로 실제 시장에서 가장 적극적으로 받아들여지는 정보이기도 하지요. 대중매체를 이용한 홍보는 브랜드의 제품이나 코디 제안을 소비자에게 직접 알릴 수 있는 수단이어서 브랜드와 소비자가 간접적으로 대화하는 채널 역할을 합니다. 그러므로 디자이너들도 소비자에게 가장 가까운 정보를 알고 있어야만 소비자와 거리감을 줄일 수 있습니다.

다양한 매체를 통해 우리 회사의 브랜드 혹은 자신에게 필요한 정보를 모으고 분석합니다.

아이디어를 현실로!
디자인

제품의 입·출고 시기 계획

디자인 기획은 보통 겨울-간절기-봄-여름-간절기-가을-겨울과 같이 6개 시즌으로 나누어 진행됩니다. 여름과 겨울이 길어지는 등 4개 시즌으로 디자인하던 예전의 패턴에 변화가 생기는 바람에 현실을 감안하여 6개 시즌으로 세밀하게 나눈 것입니다. 앞 장(챕터3)에서 살짝 언급했던 것처럼 기후 변화는 소비자들이 착용하는 옷의 종류와 두께에 영향을 줍니다. 따라서 온도 변화를 체크하는 일이 중요하지요. 현명한 디자이너라면 변동 사항을 면밀하게 체크하고 예측하여 시기 별 자료를 만들어놓아야 합니다.

예를 들어볼게요. '간절기'란 겨울과 봄, 여름과 가을의 사이에 낀 계절적 중간 시기를 말합니다. 그런데 어떤 간절기인가에 따라 의상의 소재나 컬러가 달라져야 해요. 이를 테면 겨울-봄 간절기에는 색상은 봄 색상을 사용하지만 두께는 겨울옷 두께로 디자인하는 식이지요. 또 여름-가을 간절기에는 컬러는 가을 컬러를 쓰되 두께는 여름옷 두께로 디자인합니다. 여름과 겨울이 길어지는 지루함을 보완하기 위해서 간절기 디자인을 따로 하게 된 것이지요.

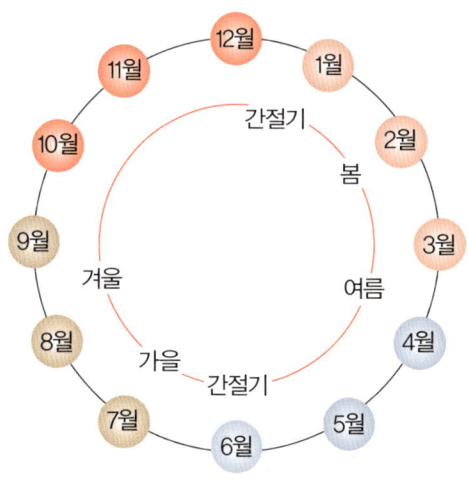

의상의 테마 정하기

디자이너는 정보 회사에서 제공하는 그 해의 경향을 참조하여 테마를 잡게 됩니다. 콘셉트가 브랜드가 가고자 하는 전체적인 방향이라면, 테마는 시즌에 따라 변경 가능한 가지치기라고 볼 수 있어요.

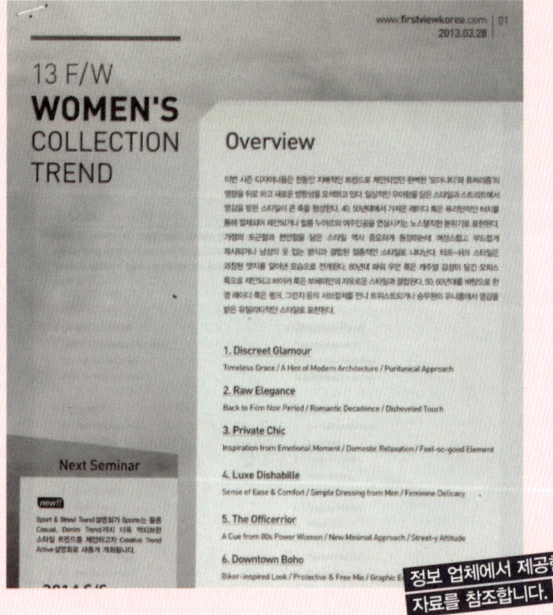

예를 들어 이번 시즌의 테마를 '모던 클래식(modern classic)'으로 잡은 브랜드가 있습니다. 여기서 논의를 거쳐 "이번 시즌에는 가벼운 실내 모임이나 일상에서 입을 수 있는 캐주얼 라인과 야외에서 가벼운 놀이를 할 때, 그리고 외출할 때 입는 스포티브 라인으로 나누어 진행하자"고 결정하게 되었습니다. 이에 따라 각 테마(주제)를 잡습니다. 캐주얼 라인의 테마는 '모던 트렌드(modern-trad)', 스포티브 라인의 테마는 '클래식 스포티(classic sporty)'로 정했다고 가정합시다.

디테일과 이미지를 잡는 주제도입니다.

이와 같이 대략의 구도가 정해지면 디자이너들은 모아놓은 자료를 바탕으로 테마를 잡고, 중심 디테일이나 디자인 이미지를 정해서 주제도(theme map)을 만들어 구체적인 방향을 잡습니다. 그리고 드디어 디자인을 시작하게 됩니다.

디자인하기

먼저 의상의 소재를 계획하고, 그에 따라 디자인 작업을 시작하게 되는데요. 의상 디자인에 있어서 소재 선택은 매우 중요한 단계입니다. 소재에 따라 디자인의 전체적인 윤곽은 물론 디테일도 달라지니까요.

옷의 소재 생산 과정은 전문 업체(공장)가 담당합니다. 옷을 만들기 전 상태의 옷감을 보통 '원단'이라고 하는데요, 원단이 생산되었다고 해서 곧바로 옷을 만드는 것은 아니랍니다. 먼저 원단만 짜는 공장에서 제직(실로 원단 짜기)한 후 염색을 합니다. 원하는 색깔로 물을 들이는 과정이지요. 그 다음 옷감이 줄어들지 않도록 말리는 가공(텐터―tenter)을 한 후에 후가공을 합니다. 이를 테면 원단에 프린트를 찍거나 주름을 잡는 과정입니다. 책을 만들 때 표지에 광택을 입힌다거나 제목 글씨를 볼록하게 만든다거나 하는 과정과 비슷합니다. 나중에 가공하는 과정이라서 '후가공'이라는 표현을 씁니다. 이러한 단계를 거쳐야 비로소 디자이너가 염두에 둔 소재가 탄생합니다. 물리적인 시간이 필요한 과정이므로 계획을 잘 세워야 해요. 만들어져 있는 소재

소재를 생산하는
과정입니다.

를 사용할 수도 있지만, 혹시라도 쓰고 싶은 양만큼 준비되지 않았다면 중간에 생산을 멈추어야 하잖아요? 그러므로 대다수 회사에서는 선택한 소재를 주문 제작합니다.

어떤 소재를 사용할 것인가에 대한 기획은 월 별로 진행합니다. 대개 옷이 매장에 나가게 될 시점보다 보름 정도 빠른 소재를 정하지요. 소비자들이 옷을 사서 입을 때까지의 기간을 계산해야 하는 탓입니다. 여러분이 옷을 사서 얼마 동안 입을 수 있는지 생각해보세요. 보통 한 달에서 한 달 반 정도 될 거예요. 그러니 실제 계절보다 살짝 빠른 소재로 옷을 만들고 판매해야만 소비자들이 매장에서 옷을 사고 후회하지 않겠지요? 계절의 변화 시점과 똑같이 옷을 매장에 내놓으

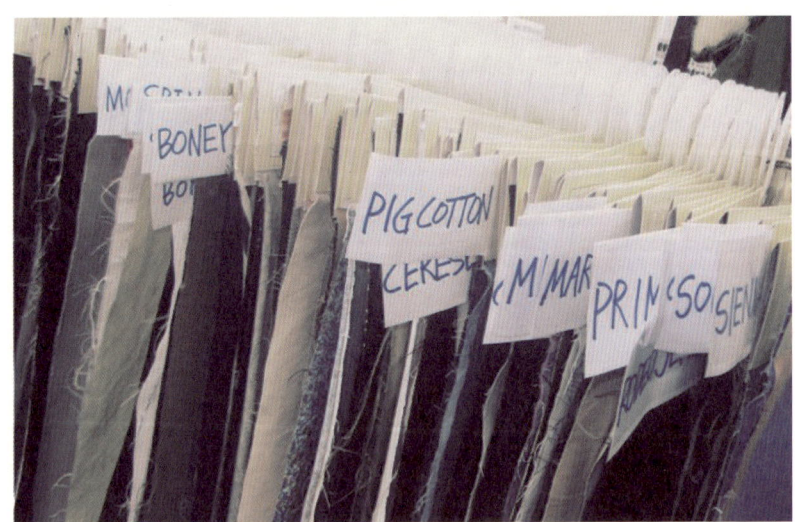

의상 소재는 계절보다 조금 빠른 듯하게 선택합니다.

면 판매 기간이 너무 짧아지고, 소비자인 여러분이 옷을 입을 수 있는 기간도 짧아집니다.

온도에 맞는 두께와 원하는 실루엣이 잘 나올 수 있는 소재를 선택하셨나요? 그렇다면 이제 아이템(물품, 품목)에 맞게 구성해야 합니다. 컬러도 정해놓고요. 디자인은 대개 매장에 나가기 전 3개월에서 6개월, 많게는 1년 전에 준비해야 하므로 봄철인데 여름옷을 디자인할 때도 있고, 심지어 겨울옷을 디자인해야 할 때도 있습니다. 그런데 더운 여름에 디자인하느라 덥다면서 겨울옷을 얇게 만들면 큰일나겠죠? 디자이너들이 지난 해 같은 철에 어떤 두께의 소재가 반응이 좋았는지 기록해두는 이유입니다. 더불어 올해의 기상청 자료도 참고해야 하고요. 윤달이 끼거나 기온 변화가 특이해서 작년보다 더 춥거나 덥거나 하는 일이 비일비재해졌기 때문입니다. 디자이너가 마치 전쟁터에 나가는 장수 같다고요? 이렇게 만반의 준비를 해도 변수가 항상 있답니다. 그러니 면밀하게 분석하고 준비하고, 또 철저하게 체크할 수밖에요!

준비된 원단에 맞추어 드디어 디자인을 시작합니다. 그간 모아놓은 자료를 바탕으로 테마에 맞게 디자인하는데요, 이때 한 벌(상의-이너-하의)로 디자인하면 더 좋습니다. 코디네이션이야말로 디자이너의 의도를 가장 잘 드러낼 수 있는 작업이거든요. 또 디자이너의 의도를 그대로 소비자에게 전달하기도 쉽고요.

개별 아이템들이 서로 어떻게
조화를 이룰지 스케치 상태에서
먼저 고민합니다.

코디네이션을 염두에 두고
디자인합니다.

스타일 디자인은 소재에 맞추어 진행하는데요, 일단 디자인이 정해
지면 샘플 제작에 들어갑니다. 보통 품평 일정과 실제 제품이 나오기
까지의 간격은 브랜드의 성격에 따라 다릅니다. 유행을 타는 제품 브
랜드는 보통 3개월 전에 품평을 하고, 빠른 생산 과정을 거쳐 제품을
출시하지요. 하지만 기본적인 제품을 위주로 생산하는 브랜드라면 1
년 전에 품평을 하고, 생산 가격을 낮출 수 있는 원거리 생산 방식을
통해서 가급적 제품 가격을 낮춥니다. 브랜드에 따라 여름에 겨울옷
을 디자인하는 디자이너들이 있는 것은 이러한 이유 때문이지요.

품평회 일정이 확정되면 패턴실, 샘플실과 협력하여 작업을 진행합니다. 디자이너들은 이때 자신의 의도를 정확하게 설명해야 합니다. 그래야만 자신이 원하는 대로 샘플이 나오거든요. 특히 의상의 길이, 실루엣, 디테일에 대해 자세히 설명해야 합니다. 패턴실이나 샘플실에 작업을 의뢰할 때는 그들이 참조할 만한 사진을 함께 전달하세요. 사진을 보면서 설명하면 디자이너의 요구 사항을 보다 수월하게 전달할 수 있을 뿐 아니라 간혹 실제 상황에서 구현하기 어려운 디자인이 포함된 경우 패턴실이나 샘플실의 애로사항을 이해하는 데 도움이 됩니다.

옷을 만들기 위한
시제품 지시서입니다.

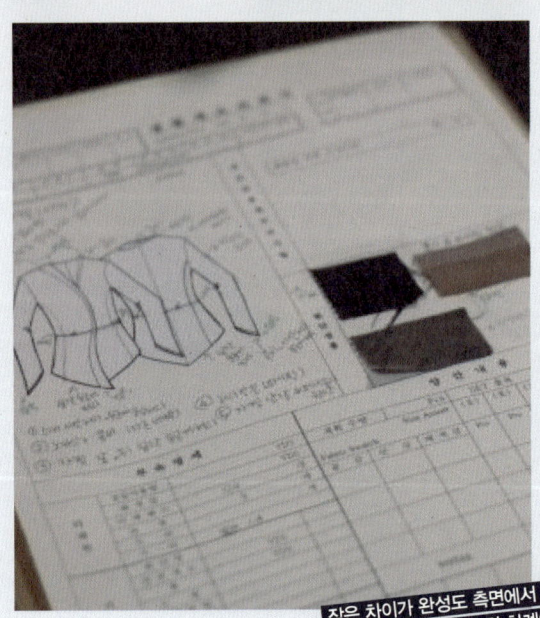

작은 차이가 완성도 측면에서 큰 차이를 가져오기
때문에 디자이너들은 몇 차례에 걸쳐 옷을 수정하고
또 수정하면서 완성도를 높이기 위해 애를 쓰지요.

품평용 샘플은 가봉을 거쳐 완성합니다. 가봉이란 완성 봉제가 아니라 수정이 가능하도록 성글게 박음질하고, 시접을 깨끗이 다듬지 않은 상태의 옷을 말합니다. 가봉을 할 때는 사진이나 그림, 설명으로 전달된 내용을 꼼꼼히 체크하여 의상의 완성도를 높이도록 합니다.

구매자의 생각을 읽는
품평회

완성된 품평용 샘플 의상을 모아 코디한 후 품평회를 진행합니다. 품평회는 옷과 판매 금액, 판매 컬러를 임시로 정하여 디자인실이 아닌 타 부서에 공개하는 과정입니다. 생산된 옷을 매장에서 직접 판매할 사람들을 모아놓고 진행하는 간이 패션쇼이므로 실제 판매자들의 의견을 경청하는 게 무엇보다 중요합니다. 즉 어느 옷은 잘 팔 수 있을 것 같고, 어떤 옷은 못 팔 것 같다는 의견을 수용하여 이를 디자인에 반영할 수 있는지, 반영할 경우 얼마큼 반영해야 하는지 등을 검토하는 회의죠. 품평회는 한 시즌의 매출을 좌지우지하기 때문에 상당히 중요합니다. 이 자리에 참석한 판매자들은 본인들이 기대하는 제품에 대해 디자이너, 그리고 기획자들과 깊은 대화를 나누게 되지요.

품평회 결과를 집계하여
생산이 확정된 디자인의 수량을
결정합니다.

　품평회에서는 또 출시할 옷을 어떻게 코디하는지 직접 그 경우의
수를 보여주고, 새롭게 제안하는 유행 경향에 대해서도 충분히 설명
해주어야 합니다. 더불어 매장에서 판매할 때 고객에게 제안할 내용도
설명하고요. 디자이너가 처음 기획 단계부터 샘플을 만들어 공개할 때
까지 의도했던 바라든지 방향성 등을 비롯하여 수집해놓은 모든 정보
들을 풀어놓는 자리이지요. 그러므로 디자이너는 매장 판매원들이 고
객에게 옷을 팔 때 설명할 수 있는 정확하고 폭 넓은 정보를 가급적 모
두 전달해야 합니다.

품평회는 주로 사람이 입은 상태를 보고,
입었을 때의 완성도를 따지기 때문에
간이 패션쇼 형태로 진행합니다.
샘플 제작한 의상을 마네킹에 입혀 놓고
품평을 하기도 합니다.

꼼꼼함이 생명이다
작업 지시서 만들기

출시할 의상이 확정되면 대량생산에 들어갈 작업 지시서를 작성합니다. 회사 안에 있는 사람들이 아니라 생산 공장에 전달하는 지시서이므로 정보를 보다 정확하게 전달하는 것이 중요합니다. 특히 물품을 주문하는 발주 작업과 관련이 있기 때문에 소재, 수량 등을 정확하게 기록해야 합니다.

작업 지시서에는 언제까지 생산하는지(납기일), 얼마큼 만드는지(수량)에 대한 정보와 만드는 데 사용되는 모든 품목을 적게 되는데요, 덧붙여 봉제할 때의 주의사항 등도 꼼꼼하게 기록해야 합니다. 예를 들어 봉제하는 실의 색깔이 바뀌었다든지, 품평회를 거쳐 소매 깃의 폭

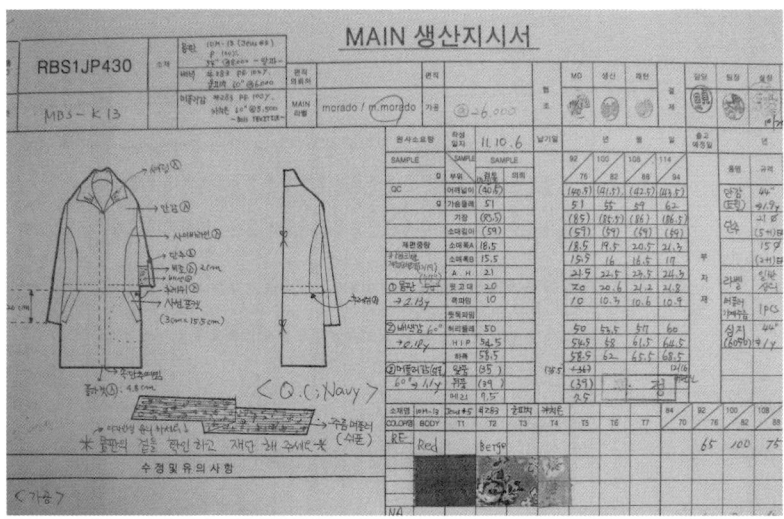

메인(중심이 되는) 작업지시서

이 변경되었다든지 하는 정보들을 일일이 기록해야 하지요. 작업 지시
서는 곧 제품의 이력서라고 할 수 있답니다.

보고 또 보고
생산 과정 체크

대량생산에 들어가면서 Q.C.(quality check)를 진행합니다. 이것은 생산 공장에서 직접 생산에 들어가기 전 봉제의 품질을 체크하는 일인데요, 이때 사이즈·봉제·디자인 실루엣·기타 제품으로 완성될 때 생기는 문제점을 미리 체크합니다. 이 같은 면밀한 사전 체크 작업이 이루어진 다음에야 비로소 생산에 들어가게 됩니다. 특히 중요한 것은 인체 모형을 본뜬 바디에 입히거나 피팅 모델에게 입혀 사이즈와 착장 상태, 그리고 봉제 상태를 체크하는 일입니다. 모든 기준을 통과하면 그제야 생산을 시작할 수 있게 되지요. 물론 이 작업을 할 때는 디자이너·MD·생산 담당자·패턴사가 함께 모여 의사 결정을 합니다. 마지막까지 긴장을 늦출 수 없는 과정이지요.

보고 또 보고… 상품 생산에 들어가기 전의 체크 과정은 모든 구성원의 피를 마르게 할 만큼 긴장된 순간이지요.

　자, 드디어 어떤 수정을 거쳐 언제까지 얼마큼 생산할지 결정되었나요? 그렇다면 이제 대량 생산에 들어가게 되겠습니다. 하지만 아직 마음을 놓기는 이릅니다. 한 순간의 결정에 수천만 원이 왔다 갔다 하는 만큼, 옷이 다 만들어지기까지는 절대로 안심할 수 없어요. 계획대로 생산되어 대박 상품이 되면 수천만 원을 벌겠지만, 그게 아니라면, 즉 조금이라도 실수가 생겨 소비자가 외면한다면 창고에 쌓여 먼지만 잔뜩 입게 될 테니까요.

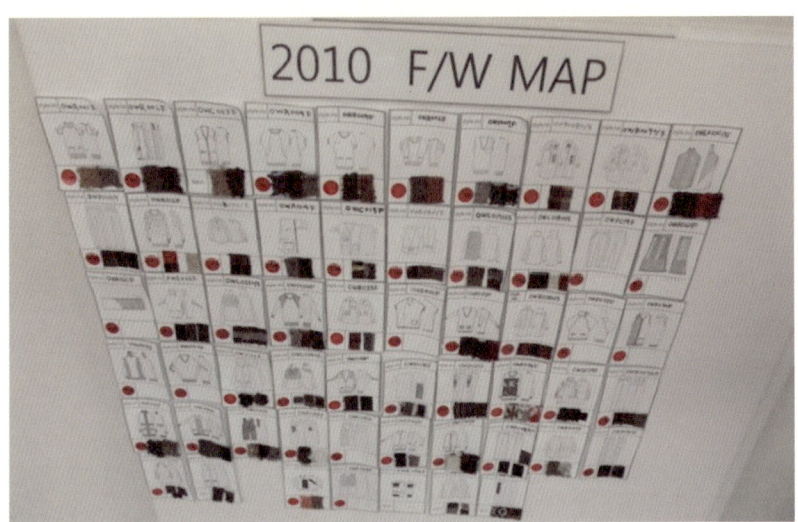

생산이 결정된 제품들은 매장에 나가는 순간까지 디자이너들의 추적을 당합니다.
원단은 입고 되었는지, QC는 진행되었는지, 봉제는 잘 되고 있는지, 옷이 제대로 완성되었는지,
창고에 완성 제품이 도착했는지, 매장에 나갈 날짜에 제대로 나갔는지를 체크하기 위해 만드는
스케줄 관리표입니다.

차별화된 코디네이션으로 승부하라
매장 구성

완성된 옷들은 매장에 어떻게 진열되는지에 따라 느낌이 달라지게 마련입니다. 즉 매장의 컬러·조명·매장 이미지 등에 따라 브랜드의 느낌도 확 달라지죠. 매장 진열 작업은 VMD(visual merchandiser)가 진행하게 됩니다. 디자이너는 이때 VMD를 도와 어떻게 하면 자신의 의도가 소비자에게 제대로 전달될 수 있을지 다양한 아이디어와 매장 구성 전략을 내놓아야 합니다.

디자이너는 어떤 의상의 어떤 컬러를 고객에게 먼저 보여줄지 정한다음, 위치를 결정합니다. 진한 컬러부터 진열할 것인지, 연한 컬러를 먼저 배치할지 등등을 결정하는 것이지요. 그런 다음 진열 기간 동안

의상 콘셉트를 잘 나타낼 수 있도록 매장 진열을 구상해봅니다.

월 별로 컬러를 이동하는 순서까지 잡아줍니다. 매장에 옷이 출고되어 나간 모습까지 머릿속에 그리고 제품의 배열 위치까지 정해놓으면, 이제 정말 끝이 났다 싶습니다. 정말 그럴까요?

애석하게도 두어 가지 일이 더 남아 있어요. VMD와 함께 매장 판매자들이 의상을 적절하게 코디하여 진열할 수 있도록 매뉴얼을 만드는 일이 그중 하나지요. 이렇게 만든 매뉴얼을 '코디북(coordi book)'이라고 하는데요. 코디북은 디자이너의 의도를 매장까지, 그리고 매장을 넘어 고객에게로 전달하는 중요한 수단이 됩니다.

코디북은 어떻게 입으면 좋은가를
사진으로 보여주는 일종의 설명서입니다.

자, 그리고 매장 진열을 하면서 동시에 해야 할 마지막 업무가 있으니, 바로 광고입니다. 광고를 기획하고, 촬영할 때 협력하여 카탈로그를 제작하는 일도 디자이너의 중요한 몫이랍니다. 자신이 디자인한 멋진 옷을 소비자가 사고 싶어 하도록 잘 연출하여 광고를 만드는 일은 패션쇼만큼이나 디자이너의 가슴을 뛰게 하는 작업입니다. 방송 광고도, 잡지 광고도… 광고를 제작하는 시간은 정말로 매혹적이죠!

광고 제작용 사진을
촬영하고 있습니다.

소비자의 의견을 반영하는
판매 피드백

판매 피드백이란 디자인한 제품이 매장에 나가 소비자들로부터 어떤 반응을 얻고 있는지, 어떻게 판매되고 있는지, 함께 나간 신제품 가운데 유난히 인기가 좋은 품목은 무엇인지, 그 원인은 무엇인지 등 판매 상황과 결과에 대해 분석하고 검토하는 일을 말합니다. 따라서 소비자와 가장 가깝게 있는 매장의 판매자들과 영업부의 의견에 항상 귀를 기울이고 그들의 의견을 분석·종합해야 합니다. 그 결과는 다음해에 내놓을 작품에 반영하는 것이 좋겠지요?

매장의 많은 옷들이 다 잘 팔리면 얼마나 좋을까요?
불행하게도 잘 팔리는 제품은 전체 스타일의 20% 정도가 일반적입니다.
잘 팔리는 20%가 나머지 80%의 판매를 끌어주게 됩니다.

✂------------ 지금까지 디자이너가 하는 일을 알아보았는데요, 일의 범위도 넓고 종류도 많지요? 어쩌면 이 책을 읽은 여러분이 어른이 되어 일할 때쯤이면 새로운 업무 내용이 추가될지도 모릅니다. 또 제가 이제까지 이야기한 내용 중 없어지는 업무도 생길 수 있고요. 그러나 디자이너에게 가장 중요한 능력, 즉 창의력과 옷에 대한 열정만큼은 변함없이 필요하겠지요. 어떤 직업이나 마찬가지겠지만, 패션 디자이너는 특히 본인의 노력과 열정 없이는 계속하기 힘든 일이니까요.

부 록

예비
디자이너에게
들려주는
남은 이야기

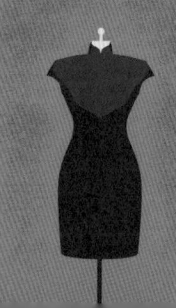

패션 디자이너의
교육 기관

국내 대학

국내 대학에서 의상 계열을 전공 학부로 두고 있는 학교는 약 30여 개
에 이릅니다. 의상학·의류학은 일반 계열에 속하고, 의상 디자인학과
는 미대에 속합니다. 의상학(또는 의류학)과 의상 디자인학과는 배우는
내용에서 큰 차이가 없습니다. 다만 의류학은 이과 계열로 되어 있거
나 생활과학부에 속해 있어서 아무래도 패션 이론과 섬유, 마케팅 쪽
의 수업에 비중을 둡니다. 의상 디자인(섬유 디자인)학과는 국민대·건
국대·동덕여대·명지대·세종대·홍익대 등에 개설되어 있고, 의상학(의
류학)은 경희대·서울대·성균관대·성신여대·숙명여대·연세대·이화여
대·한성대·한양대·카톨릭대 등에 있습니다.

국내 전문 스쿨

● SADI(Samsung Art and Design Institute, www.sadi.net)

삼성에서 지원하는 3년제 패션 스쿨입니다. 2년간은 디자인 전반에 관해 배우고, 마지막 3학년 과정에서는 현 업계에 종사하는 유명 디자이너들이 교수로 참여해 학생들의 컬렉션을 준비하는 크리틱 프로그램으로 운영됩니다.

● ESMOD(www.esmod.co.kr)

파리 에스모드의 서울 분교로 3년제 패션 스쿨입니다. 의상 디자인(스틸리즘)과 패턴 디자인(모델리즘)교육을 병행합니다.

● FIK(www.fik.com)

코오롱 패션 산업 연구소인 FIK는 정규 과정 입학 자격을 전문대 이상으로 제한하여 전공자는 1년, 비전공자는 1년 반 교육합니다. 세분화된 패션 스페셜리스트를 양성하여 업계에 배출하는 것을 목표로 합니다. 야간 실무자 과정으로 패션 마케팅과 머천다이징 분야가 개설되어 있습니다.

세계적으로 인정받는 3대 디자인 스쿨

● 미국 : 파슨스 디자인 스쿨(PARSONS Design School)

"Parsons The New School for Design"(통칭 "파슨스" 혹은 "파슨스 스쿨 오브 디자인"이라고 함)은 사립 예술·디자인 대학으로 뉴욕 시 맨해튼 남부의 그리니치빌리지에 위치해 있습니다. 7개의 분야로 나누어져 있는

"뉴 스쿨(New School)" 중 한 곳이지요. 파슨스는 미국에서 처음으로 패션 디자인, 광고, 인테리어 디자인, 그래픽 디자인에 대한 교육 과정을 개설한 학교입니다. 파슨스는 예술·디자인 분야에 대한 25개의 학부생 및 특별 채용을 위한 프로그램을 제공하며, 세계에서 가장 유명한 패션 스쿨 중 하나로 널리 인정받고 있지요. 미국에서는 패션 스쿨 중 1위를 기록하고 있으며, 세계적으로 볼 때 런던에 있는 센트럴 세인트 마틴(Central Saint Martins) 바로 다음인 2위를 기록하고 있습니다.

파슨스는 유명하고 독창적인 디자이너들을 배출한 것으로 유명한데요, 우리나라에서도 잘 알려진 도나 카란(DKNY 창설자), 마크 제이콥스, 톰 포드, 나르시소 로드리게즈, 알렉산더 왕, 안나 수이, 제인슨우, 잭 맥콜로 & 라자로 에르난(프로엔자 슐러 창설자), 아이작 미즈라히, 데렉 램, 베나즈 사라푸어, 프라발 구룽, 제나 라이언스(제이크루의 사장이자 크리에이티브 디렉터) 등도 포함됩니다.

– 홈페이지: http://www.newschool.edu/parsons 자료/사진 출처: 위키피디아

🔘 벨기에 : 안트워프 왕립예술학교(The Royal Academy of Fine Arts Antwerp)

안트워프 왕립예술학교는 벨기에 안트워프에 있는 예술학교입니다. 같은 종류의 학교 중 유럽에서 가장 오래된 곳이지요. 이곳은 오스트리아 출신의 아크듀크 레오폴드 윌헬름(Archduke Leopold Wilhelm)과 돈 주앙(Don Juan)의 영향을 받은 데이비드 테느리스(David Teniers the

Younger)에 의해 1663년에 창설되었어요. 명성과 전통을 두루 갖춘 학교답게 입학이 매우 어려운데요, 이 학교에 입학하려면 20개 이상의 포트폴리오를 준비해야 함은 물론 이틀 동안 진행되는 실기 시험에 통과해야 한다고 해요.

이 학교를 졸업한 유명 디자이너로 더크 비켐버그, 드리스 반 노튼, 라프 시몬스, 마르크 기세만, 마틴 마르지엘라, 버나드 윌헴, 베로니크 브란퀸호, 사라 코리넨, 스테판 슈나이더, 리브 반 고르프, 아넬리에 브렉만, 안나 헤일렌, 안 반데보르스트, 앙게로 피구스, 앤 드밀미스터, 엘렌 몬스트레이, 에바 라크레스, 올리비에 데스켄스, 월터 반 베이렌동크, 윔 닐스, 카트 틸리, 크리스토프 브로이크, 팀 반 스틴버겐, 패트릭 반 옴스레이게, 피터 데 포터, 피터 필립스, 필립 아릭스 등이 있습니다.

- 홈페이지: http://www.antwerpacademy.be 자료/사진 출처: 위키피디아

🔴 영국 : 센트럴 세인트 마틴 디자인스쿨(Central Saint Martins)

센트럴 세인트 마틴(약자로 CSM)은 영국 런던에 있는 사립 고등 예술 학교입니다. 런던 예술 대학교에 속해 있는데요, 이곳에서는 기초 학부생, 대학원생 수준의 풀타임 과정과 다양한 단기 과정과 여름 특강을 개설하기도 합니다. 센트럴 세인트 마틴에서는 패션, 필름, 비디오, 사진, 그래픽, 3D디자인, 무대디자인 등 다양한 방면에 걸쳐 전문적인 교육을 하고 있지요. 학교 안에서 열리는 패션쇼는 14년간 로레알의 후원을 받고 있다고 해요.

이전에는 예술·디자인 센트럴 세인트 마틴 칼리지(Central Saint Martins College of Arts and Design)로 불렸답니다. 이 학교는 취업률이 매우 높은 것으로 특히 유명하고, 세계적으로 명성이 자자한 존 갈리아노, 알렉산더 맥퀸, 스텔라 메카트니도 이 학교 출신입니다.

－홈페이지: http://www.arts.ac.uk/csm 자료/사진 출처: 위키피디아

패션 관련
커리큘럼

대학에서 배우게 되는 과정은 의류학 전반에 걸쳐 체계적으로 학습함으로써 의류 산업에서 요구하는 다양한 직업을 가진 전문가를 양성하는 데 목적이 있습니다. 그래서 여러분이 생각했던 것보다 더욱 광범위하게, 옷을 중심으로 옷에 관련되는 여러 분야에 대해 배우게 됩니다. 그 내용은 다음과 같습니다.

● 복식 미학

– 패션과 사회

- 복식의 패션 현상과 커뮤니케이션 수단으로서의 복식
- 신체·연령·성·사회적 지위와 관련된 패션의 사회·심리적 특성

- 20세기의 패션, 현대 디자이너에 대한 이해

- 복식 디자인론

- 디자인 요소, 디자인 원리, 유행과 디자인과의 관계 이해

- 한국 복식 문화사

- 선사시대부터 현대에 이르는 한국 복식의 이해

- 서양 복식 문화사

- 서양 복식의 변천사에 대한 분석과 이해

⬤ 의복 인간 공학

- 인체와 의복 구성 설계

- 인체의 구조와 동작에 따른 체형의 차이

- 계측 방법에 따른 인체 관찰을 기초로 한 의복 구성의 원리 학습

- 의복 구성학 및 실습

- 디자인 패턴 활용과 재단법, 봉제법 실험 실습

- 드레이핑

- 입체 재단의 기본 원리와 기능

- 인체에 적합한 디자인을 개발 및 제작

- CAD 실습

- 컴퓨터에 의한 패션 디자인, 직물 디자인, 의복 구성 설계 실습

- 패션 일러스트레이션, 마킹, 그레이딩, P.D.S.(패턴 디자인 시스템) 학습

- 한복 구성학 실습

- 한복 패턴 제작, 한복 봉제

⊙ 의류 소재

– 의류 소재 기획 및 실습

- 섬유 형태 특성 및 용도, 소재에 관한 기초 지식
- 직물 직조, 직물 가공
- 천단 소재, 미래의 소재 트렌드 예측

– 의류 소재 염색 가공 및 실험

- 염료의 특성 및 염색 방법
- 염색 가공의 기초 원리 실제 응용
- 공예 염색

– 직물 디자인 실습

- 직조의 기초 방법과 기술, 표면 디자인의 기본 구성과 표현 방법
- 니팅(Knitting, 편직)의 여러 가지 방법에 대한 지식

⊙ 패션 마케팅

– 복식 사회심리

- 사회문화에 따른 의복 행동의 관련성
- 심리적 요인에 따른 의복 행동의 관련성
- 인간의 복식 행동을 이해하고 패션 마케팅의 기초로 삼기

– 패션 마케팅

- 소비자에게 최대 만족을 주는 의류 제품의 생산과 유통을 위한 마케팅
- 사회현상으로서의 복식 유행과 패션 상품에 대한 소비자 행동의 특징 이해
- 패션 상품의 특성, 상품과 상표, 시장 세분화, 점포 등에 대한 학습

- 패션 리테일링, 글로벌 패션 비즈니스
- 의류 상품의 유통 실태, 경로 및 리테일 머천다이징(상품 선정 및 구매) 학습
- 의류 상품의 국제적 유통과 국내 유통의 현황 이해

● 패션 디자인

- 크로키
- 패션 일러스트레이션의 기초
- 패션 디자인의 기본이 되는 인체 관찰, 표현 연습

- 패션 일러스트레이션
- 크로키에서 배운 인체 묘사 능력을 기초로 기본적인 인물 드로잉 익히기
- 여러 가지 재질과 기법의 변화로 패션 일러스트레이션 기초를 터득하여 독창적인 패션 디자인의 시각적 표현 능력 키우기

- 패션과 색채
- 색채 이론과 조형 요소의 구성 이론을 바탕으로 디자인에 접근하는 과정
- 색채와 형태에 대한 기본 능력을 실제로 실습하고 분석함으로써 패션 디자인의 기초 다지기

- 패션 정보 및 분석 및 디자인
- 패션 상품 기획 과정을 배우기 위해 사회문화적 트렌드 파악
- 시장 환경 조사, 소비자 정보 조사, 정보지나 인터넷, 잡지 등을 통하여 패션 트렌드 분석
- 타깃 시장을 설정하여 디자인 개발, 기획 과정을 포트폴리오로 제작

컬러 매칭
실무

디자인의 중요 요소로 컬러가 부각되고 있습니다. 컬러리스트가 따로 있는 회사도 있지만 대부분 소재 디자이너가 업무를 겸하게 됩니다. 지금부터 소개하는 내용에 실제 현장에서 사용되는 용어 표현이 많이 나와 여러분이 조금 생소해할 수도 있겠는데요. 다소 딱딱하지만 디자이너들이 실제로 많이 쓰는 단어들이므로 꼭 읽어보기 바랍니다.

기본적으로 모든 색은 3가지 속성을 갖고 있어요. 바로 '색상'과 '색조' 인데요, '색조'는 다시 '명도와 채도'로 구분합니다. 미술 수업 시간에 많이 들어보았을 거예요. 함께 살펴보겠습니다.

❂ 색상(hue)

컬러 스펙트럼에서 볼 수 있는 빨강·주황·노랑·초록·파랑·남색· 보라와 같은 유채색을 말합니다. 미국의 미술 교사이며 화가인 앨버트 H. 먼셀(Albert H. Munsell)은 3원색인 빨강·노랑·파랑의 혼합에 기본색인 빨강(5R), 노랑(5Y), 초록(5G), 파랑(5B), 보라(5P)를 바탕으로 하여 색감의 차이에 따라 100색상까지 분류했습니다. 흔히 볼 수 있는 색상환을 생각하면 됩니다.

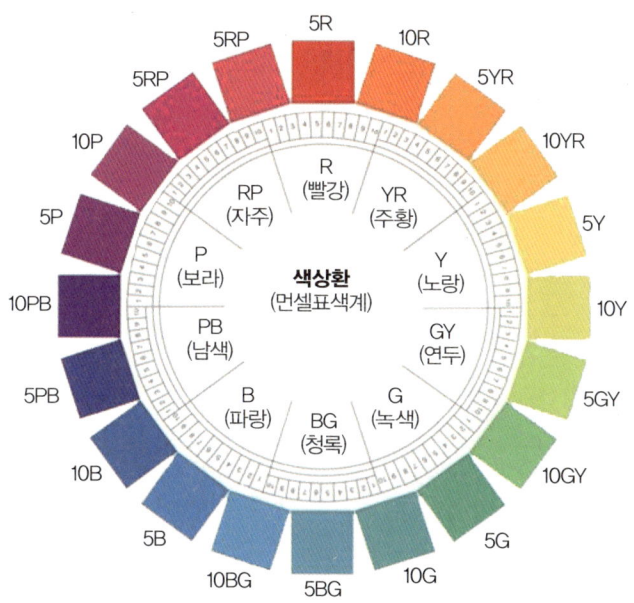

❂ 색조(tone)

명도(밝고 어두움)와 채도(흐리고 선명함)에 따라 더욱 다양한 색조를 지니게 됩니다. 색조는 명도와 채도뿐만 아니라 색의 명암·강약·농담

© 제 C-2001-001387 호

(밝음의 정도)을 나타내는 색의 속성이에요. 동일 색상이라도 색조에 따라 다른 이미지와 성격을 지니게 되지요. 일반적으로 많이 쓰이 11 가지 톤은 vivid(선명한), strong(강한), bright(밝은), pale(맑은), very pale(연한), light grayish(흐릿한), light(은은한), grayish(탁한), dull(차분한), deep(진한), dark(어두운)입니다.(IRI색채연구소 기준)

이미지에 따른 컬러군

표현하고 싶은 이미지, 강조하고 싶은 이미지에 따라 컬러를 연계하여 구성합니다. 디자이너들이 실무에서 사용하는 이미지 영역은 아래와 같아요.

- ▶ **프리티**(pretty) : 귀여운, 사랑스러운, 아기자기한, 새콤달콤한, 해맑은
- ▶ **로맨틱**(romantic) : 낭만적인, 여성스러운, 부드러운
- ▶ **클리어**(clear) : 깨끗한, 맑은, 투명한, 순수한

▸ **캐주얼**(casual) : 경쾌한, 활동적인, 선명한, 동적인, 생동감 있는

▸ **내추럴**(natural) : 자연스러운, 전원스러운, 소박한, 토속적인, 친환경적인, 퇴색한

▸ **콤포터블**(comfortable) : 편안한, 온화한, 수수한, 포근한

▸ **고저스**(gorgeous) : 화려한, 성숙한, 에스닉한, 장식적인

▸ **엘레강스**(elegance) : 우아한, 세련된, 성숙한, 여성스러운

▸ **시크**(chic) : 세련된, 도회적인, 정적인, 차분한, 그윽한, 은은한

▸ **클래식**(classic) : 전통적인, 고전적, 품위 있는

▸ **댄디**(dandy) : 남성적인, 격조 있는, 견고한, 중후한

▸ **노블**(noble) : 귀족적인, 고상한, 품위 있는

▸ **다이내믹**(dynamic) : 강한, 와일드한, 거친, 드라마틱한

▸ **모던**(modern) : 현대적인, 도시적인

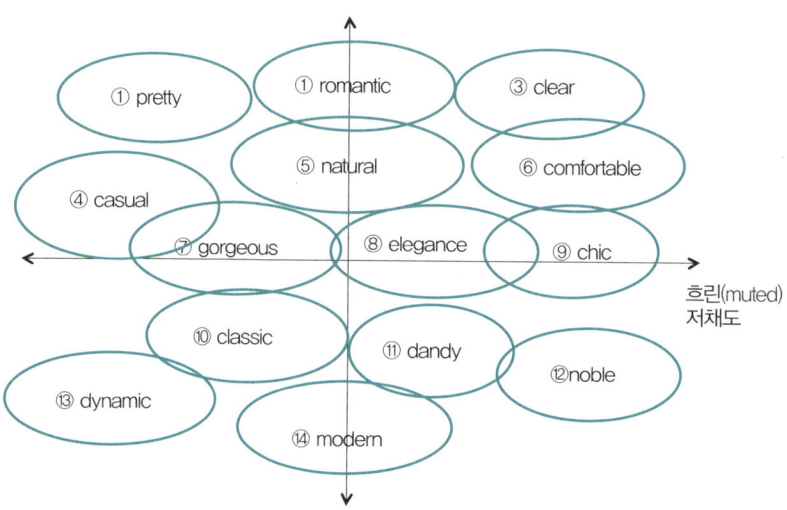

213

위의 그림은 명도와 채도를 두 축으로 하여 톤(tone)에 의해 14가지 컬러 이미지를 구성한 것입니다. 고채도의 화려한 이미지인 캐주얼(casual), 프리티(pretty), 다이나믹(dynamic), 고저스(gorgeous) 컬러 이미지와 중채도의 부드럽고 우아한 이미지인 로맨틱(romantic), 내추럴(natural), 엘레강스(elegance) 컬러 이미지, 저채도인 수수하고 차분한 이미지 시크(chic), 노블(noble) 컬러, 고명도의 밝고 온화한 이미지인 클리어(clear), 컴포터블(comfortable), 저명도의 중후하고 어두운 이미지인 클래식(classic), 댄디(dandy), 모던(modern)으로 구성됩니다. 각각의 컬러 이미지는 색상과 관계없이 명도와 채도의 특징에 따라 대표적인 색조(tone)를 지닙니다.

계절에 따른 컬러군

계절 별로 특성을 주고 싶을 때 참고하는 구성입니다. 옐로우 베이스는 따뜻한 유형(warm type)으로 봄과 가을 유형이 속합니다. 블루 베이스는 시원한 유형(cool type)으로 여름과 겨울 유형에 속하지요. 오른쪽 그림은 이에 따라 사계절 색채 유형을 구분한 것입니다.

봄 유형은 노랑을 베이스 컬러로 톤에 따라 원색의 선명한 타입과 파스텔 톤의 밝은 타입으로 구분하고, 가을 유형은 황색을 베이스 컬러로 소프트하고 내추럴한 흐린 타입과 깊이감 있는 어두운 타입으로 구분합니다. 여름 유형은 흰색을 베이스 컬러로 파스텔 톤의 밝은 타

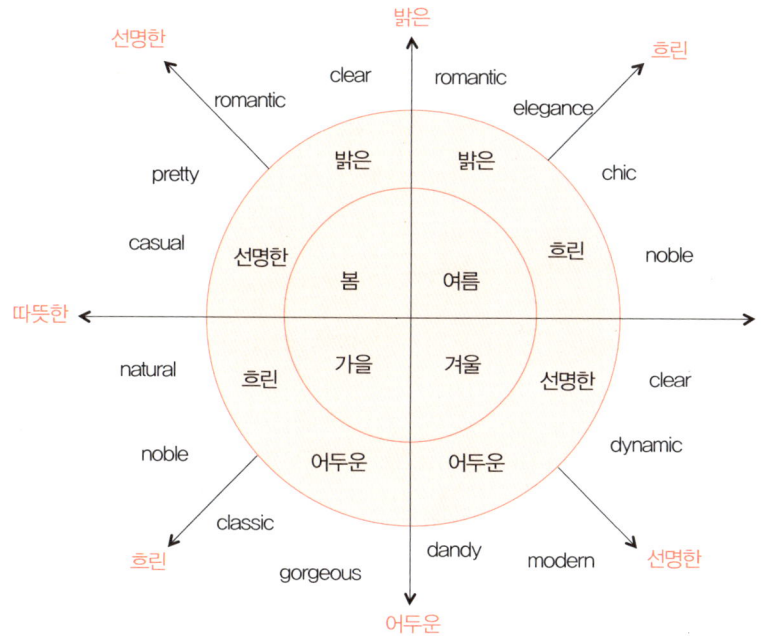

입과 차분하고 그레이시한 흐린 타입으로 구분하고, 겨울 유형은 검정을 베이스 컬러로 어둡고 중후한 어두운 타입과 원색의 강렬한 선명한 타입으로 구분합니다.

　각각의 색채 유형은 같은 기초색을 톤에 따라 유형 별로 분류한 것으로서 계절 색상과의 배색이 조화를 이루는 동시에 각 유형에 따라 어울리는 이미지와 스타일의 컬러 코디네이션이 이루어집니다.

스타일에 따른 컬러군

최근 컬러 트렌드는 하나의 색이 아니라 다양한 색이 혼합된 새로운 형태의 스타일을 추구합니다. 21세기를 대표하는 메가 트렌드(mega trend)를 보면 과거의 트렌드에 현대적인 감각을 조화시킨 '믹스 앤 매치(mix & match)'가 대부분이지요.

▶ **팝 액티브 스타일**(Pop-active style) : 원색의 비비드(vivid) 톤이 중심이 되는 트렌디한 컬러 이미지

▶ **미니멀 스타일**(Minimal style) : 심플함과 세련된 스타일을 무채색을 중심으로 절제된 컬러를 사용하여 단순화된 스타일로 표현

▶ **오리엔탈 스타일**(Oriental style) : 동양의 이국적이면서 모던한 현대적인 감각의 오리엔탈 스타일. 단순한 무채색과 동양적인 스트롱 톤의 적·황·청색을 통한 에스닉 컬러 코디네이션

▶ **젠-에콜로지 스타일**(zen-ecology style) : 자연의 컬러감이 중심인 에콜로지 컬러와 단순화된 선과 패턴의젠 스타일을 현대적으로 재구성한 세련된 컬러 스타일

▶ **엑소틱-에스닉 스타일**(exotic-ethnic style) : 이국적이면서 화려한 에스닉 스타일. 풍성하고 깊고 진한 컬러를 사용한 토속적이면서 이국적인 컬러 스타일

▶ **모던-클래식 스타일**(modern-classic style) : 고전적이고 중후한 클래식 컬러와 현대적이고 심플한 스타일을 믹스하여 세련된 느낌

▶ **콤포터블 스타일**(comfortable style) : 부드럽고 편안하면서 세련된 스타일

▶ **노스텔지어 로맨틱 스타일**(nostalgia romantic style) : 레트로(retro) 풍의 로맨틱

스타일로 빈티지(vintage)한 그레이시 톤을 활용하여 자연스러움이 더한 낭만적인 스타일

▸ **어번–시크 스타일**(urban–chic style) : 채도가 낮은 은은한 톤으로 도회적인 고상함을 지닌 차분하고 정적인 스타일

▸ **테크–퓨처리즘 스타일**(tech–futurism style) : 과학과 기술의 발달로 인한 미래 지향적인 스타일

패션에 있어서 컬러는 단독으로 움직이지 않습니다. 컬러와 스타일, 계절, 이미지가 따로 놀지 않고 함께 섞여야 하나의 그림이 완성됩니다. 좀 복잡하죠?

컬러 플래닝(color planning)

20세기 후반부터 유행색 정보가 세계 규모로 전파되었습니다. 시즌 별 트렌드 컬러를 제안하는 것은 물론 그 색을 사용하는 배색 방법까지 동시에 제안하는 경우도 많아요. 다음에 소개하는 유행 배색은 유행색 정보에 잘 등장하는 배색 방법입니다. 대표적인 배색 방법을 설명하겠습니다.

● 톤 온 톤 배색(tone on tone color coordination)

동일 색상에 의한 농담 배색을 말합니다. 2색의 경우는 같은 색상을 가진 색으로 어느 정도 분명한 명도 차를 둔 배색입니다. 기본적으로

동일 색상의 배색이므로 통일감이 있는 부드러운 배색이지요.

● **톤 인 톤 배색**(tone in tone color coordination)

동일 톤으로 색상은 자유롭게 사용하는 배색, 기본적으로는 동일 톤

의 배색이므로 톤이 갖는 이미지가 잘 표현됩니다. 대조적인 색상과 3개 이상의 색상을 사용하는 일도 많고, 비교적 색감이 풍요로운 인상을 줍니다.

'톤 인 톤' 배색 중 덜 톤(dull tone)과 그레이시 톤(grayish tone) 등 탁한 색상계의 톤을 사용한 배색을 특히 토널 컬러 코디네이션(tonal color coordination)이라고 합니다. 토널 배색은 에스닉과 내추럴한 이미지를 표현하기 쉽습니다.

⑧ 카마이유 배색과 포 카마이유 배색

색상과 톤 모두가 유사한 범위에서 배색하는 것을 말합니다. 전체적으로 통일감이 있고, 섬세한 인상의 배색이지요. 카마이유는 원래 회화의 단색에 의한 회화기법을 말하는데요, 패션에서는 하나의 색으로 보

이는 색상과 톤이 극히 유사한 배색을 '카마이유 배색'이라고 부릅니다. 포 카마이유는 카마이유보다 조금 차이가 큰 배색으로 '가짜 카마이유' 또는 '벗어난 카마이유'라는 의미를 갖습니다.

디자이너가 되어 배색을 할 때 규칙에 따라 할 수도 있지만, 우선 컬러 배색들을 많이 보면서 연구할 필요가 있습니다. 뭔가 새롭다고 느끼는 배색이 뜻밖의 호응을 얻을 수도 있거든요. 규칙에 의한 배색은 이제까지의 데이터를 모아 일반화시킨 것이므로 매우 안정적입니다. 하지만 새롭고 모험에 가까운 실험적인 배색을 추구하는 것은 디자이너의 특권이자 책임이라는 것을 기억하세요.

함께 일하는
사람들

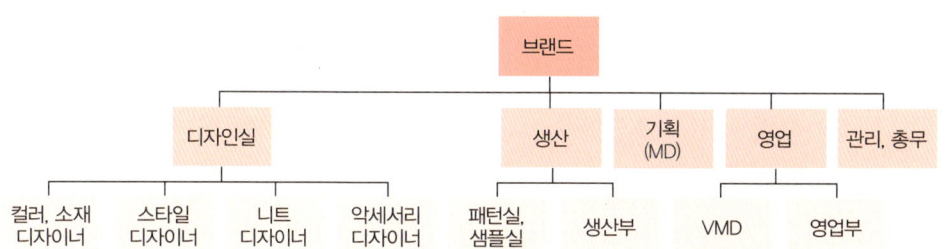

디자인실

주로 의상학과 계열을 전공한 친구들이 대부분입니다. 간혹 미대에서 공부한 친구들도 있고요. 업무에 따라 구분하면 다음과 같습니다.

▶ **소재, 컬러 디자이너 :** 소재와 컬러를 기획합니다. 소재를 발주하고 입고를 챙깁니다.

▶ **스타일 디자이너 :** 옷을 디자인합니다. 인원이 가장 많이 필요한 직종이지요.

▶ **니트 디자이너 :** 니트는 원단으로 만드는 옷과 소재부터 봉제 방법까지 다르기 때문에, 니트 디자이너는 원사 발주부터 니트에 관한 모든 것을 관여해야 합니다.

▶ **액세서리 디자이너 :** 가방, 신발 및 옷과 코디되는 모든 액세서리를 디자인합니다.

▶ **프린트 디자이너 :** 캐주얼 브랜드에서는 프린트 도안만을 전담하는 디자이너도 있어요.

생산

▶ **패턴실 :** 패턴실에서 일하는 사람들을 '패턴사', 혹은 '모델리스트'라고 부릅니다. 패턴을 뜨기 위해 학원이나 학교에서 공부한 다음 취업하기도 하고, 생산 현장에서 경험을 쌓은 후 취업하기도 해요.

▶ **샘플실 :** 샘플실에서 일하는 사람을 '샘플사'라고 합니다. 보통 봉제 기술을 습득한 후에 취업합니다.

▶ **생산부 :** 의류 생산에 관련된 전반적인 업무를 수행합니다. 전공과는 무관하지만 해외에서 생산하는 경우에는 외국어 전공자를 우대하기도 해요.

MD(merchandiser)

▶ 대개 경영학을 전공하거나 의상학과 계열을 전공한 사람들로 구성됩니다. 의류 기획업무를 주로 담당하는데, 타 부서(디자인실, 생산, 영업)와 업무가 겹치는 부분이 많아 모(M)든 것을 다(D)한다는 의미의 MD라는 우스갯소리도 있지요.

영업

▶ **영업부 :** 전공을 굳이 따지지는 않습니다. 전공보다는 영업과 맞는 성격이 중요합니다. 영업은 판매와 관계되는 모든 활동을 하는 부서입니다. 물건이 입고되면 그 물건을 어디에(place—유통), 얼마나, 언제, 어떻게(promotion—판매 촉진) 팔 것인가를 주 업무로 삼습니다.

▶ **VMD**(visual merchandiser) **:** 매장에 걸리는 의류 구성과 인테리어를 담당합니다. 외근이 많아 튼튼한 체력과 미적 감각이 모두 요구되지요. 컬러에 대한 감각과 순발력이 뛰어나야 기본 매뉴얼로 매장마다 각기 다른 환경을 유사하게 연출할 수 있으니까요. 의상학과 계열을 전공하거나 미술을 전공한 친구들이 많습니다.

패션
용어

용어의 범위가 매우 넓기 때문에 이 책에서는 현장에서 자주 쓰이는 용어를 기준으로 정리하였습니다.

의상의 아이템(item-물품, 품목) 분류

🕑 의상의 상품 용어 분류

- 아우터웨어(outer wear): 겉에 입는 의복의 총칭. 내의 위에 입는 수트와 드레스류를 말하는데, 보통 상의의 겉옷을 말한다.
- 이너웨어(inner wear): 아우터 의류 안에 입는 중간 의류로 셔츠, 블라우스 등을 일컫는다. 내의의 총칭인 란제리, 파운데이션도 이너 웨어

로 불린다.

- 탑(top): 셔츠, 블라우스, 스웨터 등 상반신에 입는 의복을 말한다.
- 보텀(bottom): 팬츠와 스커트 등 하반신에 착용하는 의복.

● 의상의 형태별 분류

- 원피스(onepiece)- 상하의가 연속적으로 연결된 옷.
- 코트(coat)- 길이가 긴 겉옷. 소매 없는 외투로는 케이프(cape)와 망토 (manteau) 등이 있다.

트렌치 코트   더플 코트   케이프

- 수트(suit), 앙상블(ensemble)- 수트는 재킷과 팬츠나 스커트가 한 벌로 이루어진 옷을 말한다. 앙상블은 직물, 색, 문양 디자인의 조화가 잡힌 옷으로 한 벌로 조합하여 만들어진 의복이다.
- 재킷(jacket)- 앞 여밈이 트이고 소매가 달린 상의의 총칭.

블레이저　시파리 재킷　라이더 재킷

- 점퍼(jumper): 웨이스트부터 힙까지 넉넉한 상의를 통칭. 프랑스어
  인 블루종(bluson)과 동의어이다. 점퍼 스타일에는 스태디움 점퍼, 진
  (jean)점퍼 등이 있다.

스태디움 점퍼　진 점퍼

- 베스트(vest): 조끼, 소매 없는 외의류.
- 셔츠(shirts), 블라우스(blouse): 셔츠는 남성의 와이셔츠에서 유래했다
  고 알려졌으며, 실루엣이 직선적이고 장식이 별로 없다. 반면 블라우
  스는 부드러운 소재, 장식적인 요소가 많다.

셔츠
블라우스

- 스웨터(sweater): 편물(knitting)로 짜인 일반 의류. 머리로부터 써서 입는 니트의 종류를 스웨터라고 한다. 케이블을 짜 넣는 문양을 특징으로 하는 아일랜드 섬에서 유래한 '아란 스웨터(피셔맨 스웨터)', 마름모 형태의 무늬를 짜 넣는 '아가일', 북아메리카 원주민 카우친 족이 화이트와 그레이를 바탕으로 새·사슴·나뭇잎을 사용한 독특한 디자인의 카우친 스웨터 등이 있다.

피셔맨 스웨터
아가일 스웨터
카우친 스웨터

- 스커트(skirt): 스트레이트 스커트, 슬림 스커트(타이트 스커트), 플레어 스커트, 플리츠 스커트, 개더 스커트, 티어드 스커트, 고어드 스커트, 머메이드 스커트, 큐롯 스커트(치마바지), 점퍼 스커트, A라인 스커트 등이 있다.

플레어 스커트 · 플리츠 스커트 · 개더 스커트 · 티어드 스커트 · 스트레이트 스커트 · 머메이드 스커트

- 팬츠(pants): 다양한 바지의 총칭. 옷의 품으로 구분하면 몸에 꼭 맞는 레깅스와 스팟츠, 넉넉한 실루엣을 보여주는 배기(baggy)팬츠와 와이드(wide)팬츠가 있다. 길이로 구분하자면 무릎까지 맞는 듯하다

밑으로 갈수록 넓어지는 팬츠인 벨보텀(bell-bottom)이 있고, 길이가 짧은 팬츠로 숏 팬츠, 니커보커즈(knickerbockers), 버뮤더 팬츠, 가우초 팬츠, 사브리나 팬츠 등이 있다.

레깅스 팬츠   배기 팬츠   와이드 팬츠   벨보텀 팬츠

니커보커즈 팬츠   버뮤더 팬츠   가우초 팬츠   사브리나 팬츠

실루엣

● 실루엣(silhouette)

윤곽, 그림자의 의미로 의복의 입체적인 외곽선을 말한다. 복장의 세부적인 디자인을 제외한 윤곽 또는 외형의 총칭.

● 폼(form)

입체적인 형상, 형태를 의미하는데 양감과 질감을 포함한 전체적인 의미로 쓰인다.

● 라인(line)

선, 옷의 디자인과 실루엣 등을 나타낸다. 실루엣 라인의 총칭.

- 스트레이트 라인(straight line): 똑바르게 뻗은 일자형.
- Y라인- 어깨 폭이 넓고 허리선은 잘록하게 줄이고 하반신은 슬림한 라인.
- 트라이앵글 라인(tri-angle line): 어깨를 강조하고 단을 향하여 가늘게 좁힌 역삼각형 라인.
- 텐트 라인(tent line): 어깨 폭이 좁고, 밑을 향하여 서서히 넓어진 삼각형의 텐트와 같은 라인. 트라페즈(사다리꼴) 라인과 유사하다.
- 트럼펫 라인(trumpet line): 스트레이트 실루엣을 힙 위치에서 절개하고, 단을 나팔형처럼 넓게 펼친 모양.
- 배럴 라인(barrel line): 어깨부터 허리선에 걸쳐 둥글게 부풀리고 단을 좁게 만든 배럴(통)과 같은 형태.
- 벌룬 라인(balloon line): 상반신을 둥글고 크게 구성하고, 하반신은 좁은 형태이다. 버블 라인, 볼 라인이라고도 한다.

- 슬림 라인(slim line): 전체적으로 날씬한 형태. 어느 정도 몸에 피트되는 라인. 시스 라인이라고도 한다.
- 내츄럴 라인(natural line): 신체의 선을 자연스럽게 따른 형.
- 피트 앤 플레어 라인(fit & flare line): 상반신은 피트 시키고, 스커트의 단에 충분히 플레어을 넣어 움직임에 따라 흔들리게 만드는 라인.
- X 라인: 직선적이고 넓은 어깨와 가늘게 조인 허리 모양으로 알파벳 X자를 본 뜬 라인.
- 벨 라인(bell line): 상반신을 피트시키고, 하반신은 넉넉하게 만든 종 모양.
- 페그탑 라인(pegtop line): 상반신은 가늘게 하고, 허리 부분을 넓게 펼치고 밑단으로 갈수록 가늘어지는 형태. 전체적으로 팽이와 닮은 형태이다.
- 프린세스 라인(princess line): 어깨로부터 단에 걸쳐 세로 절개선을 사용하고, 허리선에 절개선이 없는 라인. 하이 웨이스트 느낌의 상반신을 피트시키고 스커트 단을 향하여 넓혀진 라인. 에드워드 7세의 황후가 이 라인의 코트를 즐겨 입어 프린세스 라인이라는 명칭이 붙었다.
- 아우어글래스 라인(hourglass line): 허리선은 극단적으로 가늘고, 상반신과 하반신이 크고 둥글게 부풀려진 형태로 모래시계를 연상시키는 라인.

straight line · Y line · traiangular line · tent line · trumpet line

barrel line · balloon line · slim line · natural line · fit&flare line

X line · bell line · pegtop line · princess line · hourglass line

디테일(detail)

🔘 네크라인(neckline)

칼라(collar) 주위의 선을 가리킨다. 예를 들어 라운드(round–둥근), U자형, 오벌(oval–타원형), 보우트(boat), 오프 숄더(off shoulder), V자형, 스퀘어(square–사각형), 트라페즈(trapez–사다리), 터틀(turtle), 홀터(haulter) 등이 있다.

V자형 · 라운드 · 스퀘어 변형 · 터틀

● 칼라의 형태

플랫(flat), 세일러(sailor), 프릴(frill), 폴로(polo), 이탈리안(Italian), 나폴레옹, 숄(shawl), 보우(bow), 스탠드(stand), 차이니즈(Chinese), 윙(wing) 등이 있다.

플랫 칼라   보우 칼라   차이니즈 칼라

참고 자료

* 작업에 참고한 글 자료는 다음과 같습니다.
_ 컬러 콤비네이션(신향선)
_ 패션 이미지 메이킹(박숙현)
_ 패션 컬러 플래닝(이경희)
_ 프라다 이야기(쟌 루이지 파라키니)
_ 의복 구성학(임원자)

* 작업에 참고한 사진 자료와 출처는 다음과 같습니다.
_ naver: 18p, 20p(1), 21p, 55p(1-2-3), 139p(1-2), 169p(1-2), 176p,
          179p, 180p(1-2), 183p
_ First view korea: 57p, 59p(1-2-3), 60p(1-2-3), 61p(1-2-3), 220p
_ Google: 92~95p
_ 위키피디아
_ 셔터스톡

디자인 연습 페이지 활용법
235쪽부터 245쪽까지 패브릭 텍스처 느낌의 별면을 두었습니다. 247쪽의 인체 모양을
가위로 오려서 여러분이 직접 디자인한 의상을 입혀보세요.

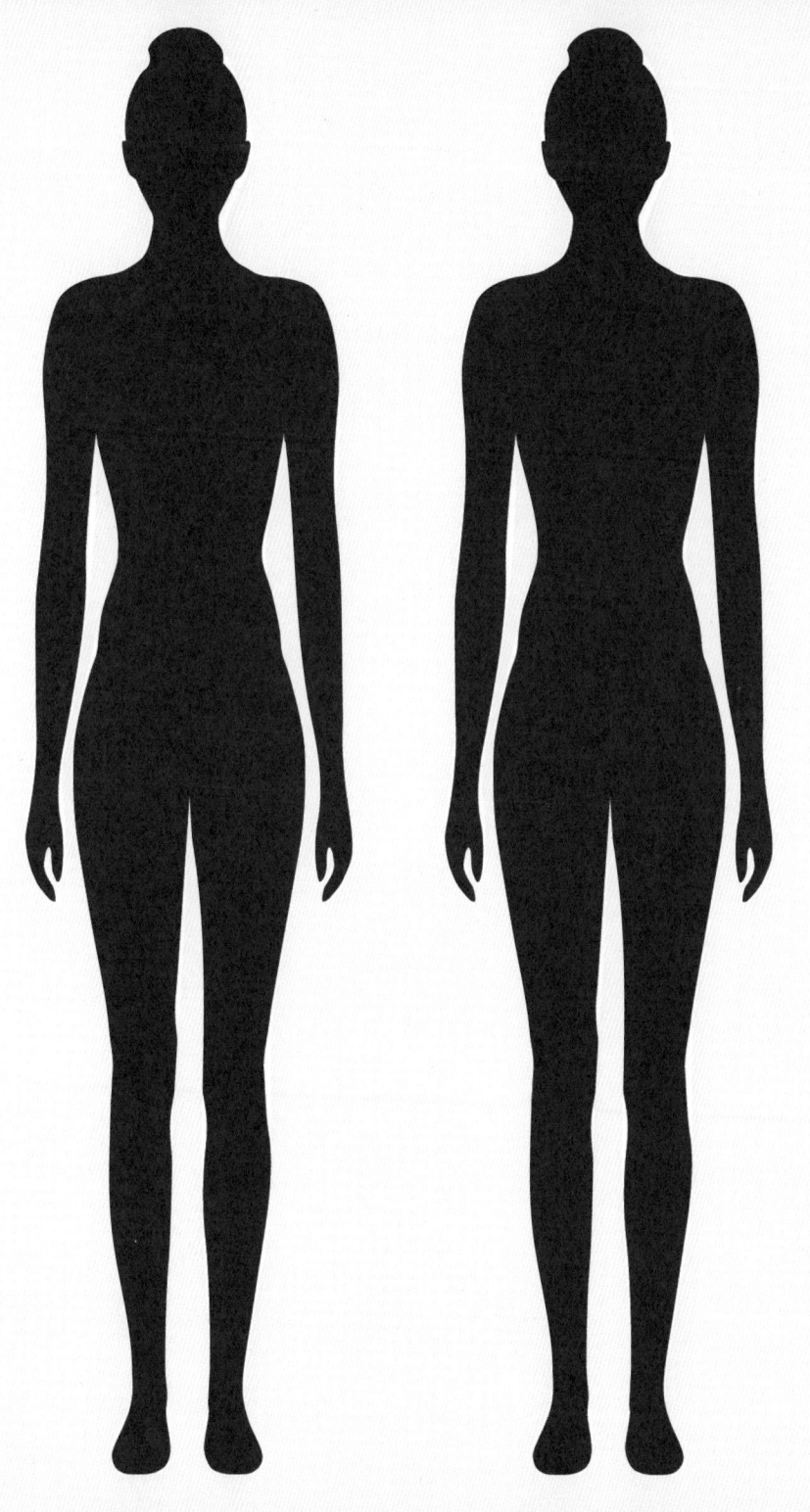